U0727556

做自己的小主人

袁根深 / 编著

——自主教育实践探索

中国致公出版社

图书在版编目（CIP）数据

做自己的小主人：自主教育实践探索 / 袁根深编著
. —北京：中国致公出版社，2021
ISBN 978-7-5145-0927-4

Ⅰ.①做… Ⅱ.①袁… Ⅲ.①小学教育—教育研究
Ⅳ.①G622.0

中国版本图书馆CIP数据核字（2021）第120234号

做自己的小主人：自主教育实践探索 / 袁根深编著
ZUO ZIJI DE XIAOZHUREN：ZIZHU JIAOYU SHIJIAN TANSUO

出 版	中国致公出版社	
	（北京市朝阳区八里庄西里 100 号住邦 2000 大厦 1 号楼西区 21 层）	
出 品	北京言之凿文化发展有限公司	
	（北京市昌平区超前路 35 号）	
发 行	中国致公出版社（010-66121708）	
作品企划	三名书系	
责任编辑	胡梦怡	
责任校对	邓新蓉	
封面设计	言之凿	
内文设计	李 娜	
责任印制	刘贝贝	
印 刷	北京政采印刷服务有限公司	
版 次	2021年11月第1版	
印 次	2021年11月第1次印刷	
开 本	787 mm × 1092 mm 1/16	
印 张	11.75	
字 数	212千字	
书 号	ISBN 978-7-5145-0927-4	
定 价	45.00元	

（版权所有，盗版必究，举报电话：010-82259658）
（如发现印装质量问题，请寄本社调换，电话：010-82259658）

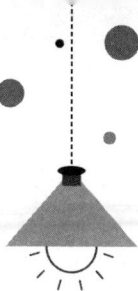

前　言

　　《千万别管孩子》一书的主人公陈宇华，出生时和千千万万个普通家庭的孩子没两样，但是长大后的她却拥有让所有父母都羡慕的学业成绩和成功经历，陈宇华成人、成才、成功的秘诀是什么呢？陈文福夫妇（陈宇华的父母）——第一代中国家庭教育专家用最真实的口述实录，将"千万别'管'孩子"的奥秘和众多父母分享。"自主教育"观念的提出，掀起了第二次教育革命的热潮，它告诉父母，教育孩子原来应该这样。陈宇华就是自主教育的真实的案例，他的经历告诉我们，成长的过程原来可以如此。

　　瑟谷学校是美国第一家自主学习学校，其教育理念只有两点：①人类天生好奇，所以不必要求孩子学习，他们会自己探索。②为自己的选择产生的结果负责。

　　克里希那穆提在《教育就是解放心灵》一书中说："技术上，我们需要权威跟着他学习；心理上，我们为何需要一个权威让自己变得软弱呢？"读来令人震撼！

　　丁愚仁老先生一直在推广"三简理念"：教育简单化、健康简单化、生活简单化。其中，对于"识丁计划"教育简单化，他这样说："最好的教育是不教育。成人做好自己，成为孩子成长的背景即可。我们自己长歪了，孩子必然长不好；我们自己活得没问题，孩子自然问题不大。告诉孩子法律底线和风俗习惯，然后放手。"这和华德福教育理念中的"教育其实是自我教育""孩子学会的，不是你教给他什么，而是你是怎样一个人"如出一辙。郑州"自由鱼"学校每周开一次家长会，校长亲自开会。通常意义上的家长会，学校会通报教师教了些什么，孩子在学校学得怎么样。而"自由鱼"学校的家长会只谈家长们的自我成长。因为实践发现，家长和教师（孩子身边的成人）状态对了，孩子自然没问题。一些家长反映：每听一次家长会，就会让自己焦虑的心和对孩子苛责的态度有所缓解，亲子关系和亲密关系都在慢慢变好。要知道，这样的教育形式是既简单又困难的：简单的是，教育孩子，放手就对了，这样孩子自在，教师和家长也轻松，若天天要求这要求那的，大家都难受；困难的是，我们作为成人，首先要自我教育和自我成长，其次要看清楚自己那颗害怕失控而总想掌控的心——对大部分人来说，这真的很难做到。

人工智能时代即将来临，大部分重复性劳动会被机器人所取代。那么，我们的人生是要活得像个机器人，还是不如机器人？我们的人生到底要怎么过？

我跟很多人探讨过这个话题，目前我的结论是：人和机器人的区别才是一个人"生而为人"的价值所在。这些区别决定了人是否在人工智能时代有所作为，或者说不被享乐主义掌控。其中最重要的区别就是自主性。

机器人是没有自主性的，输入什么指令就去执行；奴隶是没有自主性的，所有行为要听从主人的吩咐；行尸走肉是没有自主性的，他完全被习性反应掌控。而自主性来自哪里？来自每个个体"自己做主"，而非成人"替我做主"。如果学生时代我们不给孩子时间与空间去学习自己做主并为自己的选择负责的话，如何指望他们一踏入社会就具备此种能力？如何指望他们去面对十几年乃至几十年之后的人工智能时代？

当然，说到底未来是不可预测的。我们可以说人工智能时代即将来临，也可以说未来仍旧和现在一样是学历社会，又可能未来会是另外一种景象……那么从"未来不可预测"的这个角度来看，对于每个家长来说，真正的安全感其实是孩子需要学会"以不变应万变——无论未来如何变化，我都可以过得不错"。这能力怎样得来？从自主性中得来。

教育中真正重要的是培养孩子的自主性，而自主性是"不去妄图塑造"才会有的。至于"每天学了多少知识，有没有写家庭作业，考试考了几分"这种类似的问题，对孩子面对不可测的未来毫无意义，只对安慰自己这颗焦虑的心起点儿作用。

想想看，到底是我们要求孩子学习时（干预引导：要我学）他们劲头足，还是他们自己想学时（自主学习：我要学）劲头足呢？而"学习"这个概念，我们是窄化为书本知识、考试技巧，还是开放到整个生命？诸如如何与自己相处，如何与他人相处，如何与世界相处，如何照顾自己，如何去爱，如何面对痛苦与喜悦，冲突是什么，幸福是什么……学习之外，当孩子做事情时，是对我们要求他们做的事情劲头足，还是对自己想做的事情劲头足呢？我们都希望自己的孩子幸福，但哪一种情况让他感觉更幸福呢？

以学生为中心的学校管理，让我在当了校长之后同样能够获得当教师的快乐。学生哪怕是一点点的进步，都让我感觉很踏实，心里甜甜的。这份温柔而厚重的教师情怀深深地融进了我的"自主教育"办学理念中，让"自主教育"发扬光大，使每一个学生终身受益。

　　衷心感谢为本书写作提供帮助的师长和同事们，包括唐仕慎、刘建强、余志君、廖新星、刘远平、张伟定、潘惠萍、吴颖等，在此一并致谢，与你们共勉！敬请大家批评指正！

袁根深
2020年8月

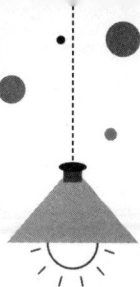

目　　录

第三章 自主教育成果展示

第四章 自主教育永远在路上——构建思考

1

第一章

关于"自主教育"的缘起与理解

第一节 "自主教育"于我的缘起

一、真实的故事和异想天开的联想（来自我的中学语文老师的亲身经历）

为了推进小学教学改革，为了说明农村小学的学生也能打好坚实的文化课基础，我想讲几个真实的小故事。

20世纪40年代的一个龙年，我出生于一个世代教书的地主家庭，五岁开蒙。在我读完四年级那年，中师毕业后在桃坪小学教书的父亲回家赋闲，他得到祖父（中学语文教师）的支持，叫比我大两岁的同年级小叔跟我一道休学，让我们留在家里一起补习语文和数学。父亲用颇有名望的塾师曾祖那套方法教我们，语文就是学读书、背书、抄写习字、写作文，数学则是我们自己看课本、做作业。他每天只管叫我们背书和批改作业，要求很严格。我们学习任务不重，早上和晚上都没事，上午和下午学习的时间也不多，我们叔侄俩既学得轻松也玩得开心。祖父和父亲关心时政而又胆小，一个学期之后，家乡即将解放之时，他们离家出走，我们叔侄俩便去小学插班读五年级第二学期，竟然都成了班上的尖子生。我还养成了爱读书、肯钻研的好习惯，养成了敢于打破常规的性格。

我的小弟读完小学四年级就因家庭出身问题而辍学了，但他养成了爱看书报的习惯。1978年5月中旬，他看到报名参加高考的消息，一时兴起也想考大学，便来到我工作的杨家桥中学。我们学校有高中毕业班和高考复习班，可是小弟连算术的"分数"都不会，根本听不懂教师讲课。我有九岁时在父亲身边自学的经历，便果断地叫小弟在我身边自学。那时候初中和高中共四年，课本很薄，知识很浅且没有外语。小弟仅用一个半月的时间，便学完了小学五年级至高中毕业班除语文外的其他课程，并参加了当年的高考，取得了超过当时大多数高中毕业生的好成绩。他现在是绥宁二中的语文教师。

我们绥宁县高考升学率很低，我担心两个儿子小学毕业之后考不上县一中、二中，以后上大学无望，便于1979年下学期至1981年上学期，让长子、次子先后各休学一年，留在我身边自学。学语文就教他们读书、背书，每课的生字都要听写，每周写一篇作文。实践是兴趣和能力之母，儿子在我身边天天读书、背书，对读书、背书产生了浓厚的兴趣，背诵能力得到了很大的提高。与此同时，他们的阅读兴趣和阅读能力及独立解决问题的能力也提升上来了。他们学数学能自己看懂课本并独立完成作业，用不了一节课就能学会教师要两节课才能讲完的内容。我分上午、下午给孩子布置学习任务，孩子完成学习任务之后有很多的玩耍时间。长子和次子都只用了两个学期，就很轻松地学完了小学最后四个学期的功课，分别于1980年和1981年考上了一中、二中，我也调入二中工作。两个儿子在我身边自学，我从来不给他们讲课，作文也不指导、不讲评。他们学习时遇到解决不了的疑难问题问我，我才给他们讲几句，平时都尽量启发他们独立思考。我经常鼓励他们，并且每天只管他们背课文，给他们批改作业。作业做错了，我要求他们当天改正过来。不是由于粗心做错的，或者问了我以后才做出来的题目，起码还要再做一次。儿子在我身边自学，就像两三岁的孩子不知不觉地便学会了说话一样简单。他们的数学作业做得不多，就只做完了小学最后四个学期课本上的练习题，语文却背了小学最后四个学期的全部课文。相对而言，他们的语文学得比较好，长子高考获当年全县语文单科第一名，次子曾获初中作文比赛全县第一名。他们都上了理想的大学，我和老伴也因此成了厦门市的居民。

讲完了以上真实的故事之后，面对当今城乡小学的现状，我禁不住异想天开。

一是这些故事的中心思想是"要自学，靠自己学"，跟孔子首倡的启发式教学，跟书塾的教学方法一脉相承。孔子和毛主席是自学成功的伟大榜样；李时珍、华罗庚、莫言等各个领域的大家大师，都有刻苦自学的经历；学文化、学技术、学生存和发展的本领，都离不开自学，不自己练习，任何人做任何事都不可能有长进。据说教材要改革，我则斗胆为小学语文第一册试编第一课："好好学习，天天向上。要自学，靠自己学。"

二是农村小学教师的讲课水平赶不上城市小学教师，农村小学的学生不像城市小学生那样做家庭作业，他们的成绩远远地落在城市小学生的后面。农村小学要缩小与城市小学教学质量上的差距，唯一的出路就是扬长避短，进行教学改革——差别化试点。提倡农村小学教师不必像城市小学教师那样抓学习和作业，而要像书塾教师那样，对课文不做讲解，不给学生布置家庭作业，农村小学生并不比城市小学生差，让他们像书塾学童那样，在课堂上读书学习，完成包括书面作业在内的全部学习任务。这样做，不仅继承了孔子首倡的启发式教学的优良传统，也符合毛主席提出的"要自学，靠自己学"的原则，小学生完全可以取得各科的良好成绩，并且养成喜欢读书、背书，热爱学习的好习惯。这样的语文教学改革，可以让农村小学和城市里的农民工子弟民办小学先走一步，既顺应民心又易见成效，非常稳妥。

三是基础教育诸多问题的根源是注入式的教学模式。这种教学模式是在民族自信心遭受长期打击，启发式教学原则遭受严重曲解和书塾教学遭受全面否定的历史条件下，学习国外先进教学理论和教学经验时忽视我国国情而生搬硬套出来的。然而事物总是一分为二的，历史总会向前发展，面对中华民族的伟大复兴，一方面我们要结合我国国情，虚心学习外国有益的东西，另一方面我们不能妄自菲薄，不能数典忘祖，而是要完善中华优秀传统文化教育模式。在这个过程中，和有教无类、因材施教、教书育人等优良教育思想一样，启发式教学原则不应再被曲解。书塾教学重视学生自学能力的培养，重视学生读、背经典名作等一些优良教学传统应该得到继承和发扬。

上面的联想都与书塾教学有关。读过毛主席的《湖南农民运动考察报告》和李锐的《毛泽东传》，就会发现，在一片反对声中，毛主席、蔡元培和严复在学习外国先进文化的同时，给予了书塾教学必要的肯定，而毛主席的求学和教学经历，则为我们在继承书塾教学优良传统的基础上，进行教学改革创新树立了光辉榜样。

二、我任平沙实验小学校长的现实背景

平沙实验小学创办于2002年。当时，珠海市委市政府为了践行"三个代表"、落实"民心工程"，彻底改变珠海市西部基础教育落后的局面，投资近三千万元，撤并了七所"麻雀学校"，按省一级学校配置建成了这所规范化小学。自建校以来，各级政府每年都加大经费投入，不断改善办学条件。因为撤并，一直有十一辆校巴负责接送学生（每辆校车接两趟、送两趟），每天中午大部分学生在学校吃午餐并在教室午休。以上种种原因，给学校增加了以下几方面的管理难度。

1. 学生活动空间大

学校占地总面积六万多平方米，建筑面积近一万五千平方米。办公楼、教学楼、实验楼、体育馆、学生食堂配套齐全，还配有电脑室、电教室、实验室、舞蹈室、音乐室、美术室，拥有足球场、篮球场、排球场、游泳池、羽毛球场、标准的四百米田径运动场，以及占地面积达一千五百平方米的体育馆。学生每天坐校车上下学，平均离校有十二公里左右。因学生活动范围广，自然增加了管理难度。

2. 学生在校时间长

学生早上七点开始坐车上学，上午上课，中午午餐、午休，下午上课，下午五点放学，约五点半到家。学校管理学生的时间每天有十个半小时。

3. 学校安全压力大

自建校以来，教师压力大、工作任务重，学校管理难度大，极易发生安全事故。班主任班级事务多，工作时间长，工作效率低。有人戏称班主任是高级免费保姆，这种保姆式、警察式的班级管理模式，过多地强调了班主任的主导地位，忽视了学生的主体意识，淡化了学生对班集体的责任感和义务感，损害了学生的主动性和创造性，不利于学生的发展。在素质教育的今天，培养学生的创新意识被摆在了重要地位，作为班主任，在管理班级方面也应该有所创新。

为了还学生一个自主成长的空间，给教师一条解放的途径，变被动教育为主动发展，使教师有专业发展的空间，提高教学效率，达到学生自主成长

且健康快乐的双赢境界，学校从2015—2016学年开始，实践探索和大力推进小学生"自主管理"的实效性研究。

疫情期间学生在家上网课，自主教育的实效性体现要求学生"自主管理"和"自主学习"。珠海市定制的"空中课堂"，满足有意愿进行网上学习的学生优质高效地学习的愿望。"空中课堂"主要有三种方式：互动直播课堂、电视课堂、网络资源课堂。其中，互动直播课堂由教师组成授课团队，进行教学和在线答疑、辅导；电视课堂通过珠海电视台指定频道，每个年级一个频道，用点播、轮播、回放的方式进行；网络资源课堂则是学校结合本校学生的实际情况，下载优质教学资源，管理和引导本校学生，通过网络进行自主学习。在家里自主学习成为学生的主要学习方式，书房变课室，客厅变操场，根据课程安排学起来。学生们充分利用时间自主学习，阅读思考，写字静心，合理运动，分担家务，劳逸结合，作息有规律，实现自我超越。

学生在校已养成自主管理的好习惯，在父母的陪伴下，学生自觉遵守国家、社区、学校的要求，勤洗手、戴口罩、不聚集，及时报告行程和身体健康状况，一切安好无恙……学生们用实际行动保护自己，保卫家园，个个都是有担当的好孩子。作为校长，我为学生们的自主管理能力感到自豪。

第二节　自主教育定义

自主教育是一种充分发挥生命个体发展性和主体性的教育理念。自主教育是"三自三主"的教育，即两个方向（发展性、主体性）、六个维度（自知、自律、自强、主导、主见、主动）、十二项能力（学习力、思考力、行动力、担当力、整合力、抉择力、规划力、自律力、创想力、审美力、情商力、财商力）培养的教育。自主教育从生命个体"人"的内在成长与发展出发，在成长与发展的过程中注重思维意识的培养，尊重个体的思维差异，是促进个人或团体自主生活、自主管理、自主学习、自主规划、自主创新、自主发展及追求自强自立的教育体系或教育理念与过程。

1. 自主教育理论基础

学生是教育的主体，教师是教育的主导，教师助学、引导有利于促进学生自主成长，两者相辅相成，共同促进学生的发展。

2. 自主教育发展理论

师生"双主体"理论，是从人的发展上来讲的，每个人都是自己人生的主体，学生和教师两者相辅相成，互相促进，教学相长，和谐共生。

3. 自主教育的核心

自主教育的核心就是要培养人的自主思维能力，培养人的观察、发现、思考、辨别、体验和领悟等能力，并在学习和工作过程中，培养人发现问题、分析问题、解决问题的能力。提高人的思维积极性，包括人的批判和思辨探究能力、横向联想思维能力及纵向联想思维能力等。自主思维的培养，着重于成长型思维的培养，打破固定型思维模式。自主解读如图1-2-1所示。

情商力　财商力　审美力　创想力　整合力　规划力　抉择力　自律力　担当力　行动力　思考力　学习力

自主能力

自强　自律　自知　主导　主见　主动

发展性　内涵　主体性

自主解读

"自"
本义：鼻子
引申义：自己、本人

自主
（在一起，做自己）

"主"
本义：灯芯、镜中之火
引申义：主心骨
延伸思考：内外关系

外延

如何做自己：勇敢做自己，坚持做自己，智慧做自己；在学、思、行的过程中做自己，在内外协调平衡环境中做自己

做怎样的自己：做思行并举的自己；做独特独立的自己

做自己

独立思考 → 如何形成自己的思想

规划人生 → 如何做好人生规划

主动做事 → 如何激发人的内驱力

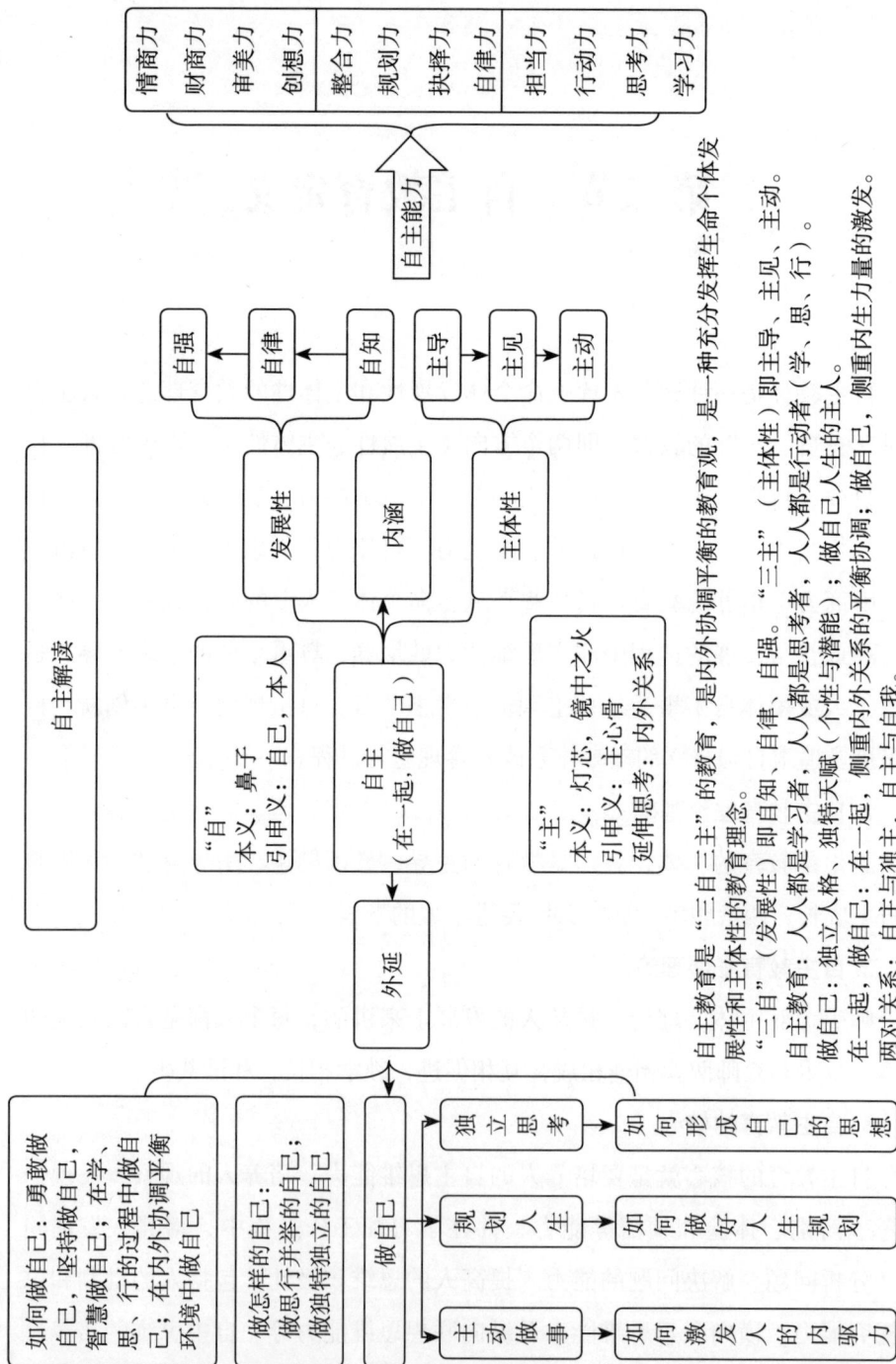

自主教育是"三自三主"的教育，是内外协调平衡的教育观，是一种充分发挥生命个体发展性和主体性的教育理念。
"三自"（发展性）即自知、自律、自强。"三主"（主体性）即主导、主见、主动。
自主教育：人人都是学习者，人人都是思考者，人人都是行动者（学、思、行）。
做自己：独立人格，独特天赋（个性与潜能）；做自己人生的主人。
在一起，做自己：在一起，侧重内外关系的平衡协调；做自己，侧重内生力量的激发。
两对关系：自主与独主，自主与自我。

图1-2-1　自主解读

4. 自主教育的目的

自主教育的根本目的是培养思行并举的自主人，即能独立思考、笃实行动、全面发展的人，其根本是独立人格的养成，使人成为独特的自己。

培育有自知能自强、有主见能选择、有主动能践行、有专注能自控、有责任能担当的自主品质的人是自主教育的追求。

5. 自主教育的特点

主体性：自主教育是相对于传统教育、讲授式教育、他主教育而言的，强调主体内自生力量的激发，强调独立自强，侧重于主体与环境及外界的相互关系中主体的主导作用。

发展性：从人成长的角度，强调每个个体有着无穷的潜力和无限可能，有不断地向上、向善成长的趋势。

差异性：学习者作为教育主体，教师在激发学习者思维主动性的前提下，要尊重学习者的差异，保护学习者的天性，引导学习者自主发展，要适性而为，辨性助学。

6. 自主教育主张——在一起，做自己

自主教育主张生命个体两对关系的构建：一是生命个体与自己内在的关系，包括自我认知和自我意识、心理成长、自我管理、志趣、意志、自律自强、价值追求等。这对关系侧重于生命个体的发展性，主要落实在生命个体纵向发展方面，即自知、自律、自强。二是生命个体与外界的关系，包括家庭关系、师生关系、同学关系、伙伴关系以及与社会的关系、与自然的关系、与知识的关系、与科学技术的关系等。这对关系侧重于生命个体的主体性，主要落实在生命个体横向发展方面，即主导、主见、主动。

这正是自主教育的两个方向和六个维度的呈现方式。

自主教育是培养教育者自信、自立、自强、自律精神，促进其身心俱健的全人教育；是培养受教育者的主体意识和学习能力，促进其主动发展的终身教育。自主教育的内容是开发受教育者的体能和智能并完善其人格。自主教育的原则是以人为本，对受教育者无条件地积极关注。21世纪，随着电脑进入寻常百姓家，互联网遍布全球，这为自主教育的实施提供了广阔的空间和发展前景。自主教育实现的是受教育者和教育者的合一，使教育的对象成

为主体，由于自身掌握了主动权，个人将在发展的过程中拥有无穷的力量和智慧。同时，自主教育从另一个侧面提出了促进社会发展的途径——通过每一个个体的充分发展来实现社会的发展。

7. 自主教育理论的历史渊源

柏拉图说过："教只能给予推动，使学生自己去找到必须认识的东西。"奥古斯汀在《统治篇》中把教学改写为对学习者自己认识的助产。教授者向年轻人传授知识，传授理论的和实际的知识，能够做到和应该做的是帮助年轻人去理解知识的意义，使其自己获得对知识和世界的认识。教授者只能引导学生去理解和掌握认识的行为，但做出这种行为的人只能是被教授者，只能在他们自己学习的过程中去实现。教育者和被教育者之间应该是一种对话性的关系：学生能够理解教育者的意向、指示，然后对教育者采取有意识的态度。教育者促使学生自己做出决定，教育者的职责是提醒，对学生提出要求，学生则必须自己完成这些决定。教育者可以提出建议和鼓励，但是不能剥夺学生自己的正确思想和行动。教育者不能强制学生理解，也不能强制学生去创造。

8. 自主教育的理论基础

人本主义：人本主义心理学兴起于20世纪50年代，被称为心理学上的"第三势力"。它沿用了哲学中人本论的观点，提倡"以人为本"。人本主义心理学的代表人物马斯洛认为，人身上潜藏着人性的优良品质，就看我们如何加以引导，使其潜力充分展现。人本主义心理学强调的是自我实现。自我实现是指个体在成长中，其身心各方面的潜力获得充分发展的历程和结果，即个体本身生而具有的但潜藏未露的良好品质，得以在现实生活环境中充分展现出来。

人格理论：人格一直都是心理学研究的主题之一。什么是人格？通俗地说，人格是每一个人在一切环境中所具有的独特和持久的性格。

（1）精神分析的人格理论。弗洛伊德的人格理论是建立在本能的基础上的。他认为人格是由本我、自我与超我构成的。"本我"是生来具有的，它的全部使命是满足生命本能的需要。本我的活动服从"快乐原则"，追求即时的满足感。本我是人格中最原始的、生物的、非理性的部分。它对婴儿的生存至关重要，也对一个人的毕生起作用。"自我"是个体的理性方面，它按照"现实原则"活动，试图去寻求实现本我的现实方式。例如，儿童饿了不只是哭闹，还会自己去寻找食物，或向大人索要。自我是用自己的能量去阻止本我的非理性冲动。一方面，自我通过延迟满足感以控制本我，直到需要能实际地得到满足；另一方面，自我通过一定的手段为本我服务。"超我"是从自我发展起来的人格成分。例如，婴儿经常遇到父母和社会的规范和纪律要求。超我是在内化社会道德标准时发展的。超我遵循"道德原则"，为达到完美和理想而活动。精神分析的理论认为，本我、自我和超我在个体的人格结构中陆续发展并共存，它们之间有着不可避免的冲突。本我是人类生物体原始力量的来源，传达个体的基本需要，是人格中永存的部分。自我对本我进行监督和限制，为满足本我需要而活动。自我是一个调节者，而超我反映的是社会道德准则和行为准则，判断自我是否符合社会原则。例如，儿童在发展过程中，本我、自我和超我三者在充满活力的运作中达到平衡，人格就会健康成长。本我太强的人过分自私自利，不尊重他人；自我太强的人会过度自信、自负、轻视他人；过强的超我则使人容易自责、内疚，甚至引起心理疾病。

（2）人格的发展理论。我们讨论一个人的成败，自然会联想到他的性格特点是怎样的。似乎从每一个成功人士的身上，我们都可以看到其性格中的闪光点。记得卡耐基丛书中有一册叫作《人性的光辉》，其中把伟人的过人之处介绍给大家，供追求成功的人士借鉴。我们经常会听到父母这样埋怨自己的子女："唉，咱孩子天生就不是那材料。"甚至因为恨铁不成钢，而怒骂孩子是朽木，好像天生的顽石怎么也琢不成玉。性格难道真的是天生的？只有天才方能成大器，只有高智商的孩子才能成功、成才？不可否认，先天的因素（遗传基因）在其中起着重要的作用。每一个孩子，刚出生时犹如一张白纸，等待涂满色彩。可是他们并不千篇一律。有的孩子害羞，有的孩子活泼；有的孩子爱笑，有的孩子爱哭。无不带有先天的烙印。的确，从孩子呱呱坠地时起，他的相貌、音色等生理特征，以及他们的气质特点（先天的素质性的成分，如安静、好动、坚持、易烦躁等）就基本确定了。但是，并不能因此就相信性格是天生的，成败乃天命。在一个人的性格里，先天的成分会多一些，给后天的发展限定了一个范围。就好像一个孩子生来五音不全，我们怎么可能要求他长大后成为有着美妙歌喉的歌唱家？但是，后天的因素又反作用于先天的基础，带给孩子一个发展的、可伸缩的空间。好马要伯乐识，好玉要巧匠磨。所以，就重要性而言，后天环境更为重要！20世纪初，心理学行为理论的创始人华生说过："给我一打健康、状态良好的儿童以及由我支配的养育环境，我保证将他们中的所有人都培养成我所选定的某种专家——医生、律师、艺术家……当然，也可以是乞丐或小偷……"他的观点虽然有些极端，可是也强有力地告诉我们，人的性格是可以塑造的，不是一成不变的。父母作为其中最重要的一环，关键是采用什么教育方式，怎样培养孩子、引导孩子，创造孩子各方面（如身体、性格、学业等）发展的良好环境，帮助孩子发展体现自我的良好性格，让孩子走好自己学习、工作、生活的人生之路。我们要让孩子自己知道——行行都能出状元，要让孩子有这样的信心——我不是天才，但我能成功，要让孩子明白成功之路要靠自己来实现。

第三节　自主教育内涵

　　自主是指个体主动思考、独立判断，在自我认知的基础上，形成自己的特色、风格、个性，以自我为主体，激发个体的内在潜能与动力，整合外在积极因素，以自律为机制，规划自己、发展自己，按照自己的发展路径，追求自强自立的过程与状态或理念与习惯。自主包含三自三主六个维度（图1-3-1）。

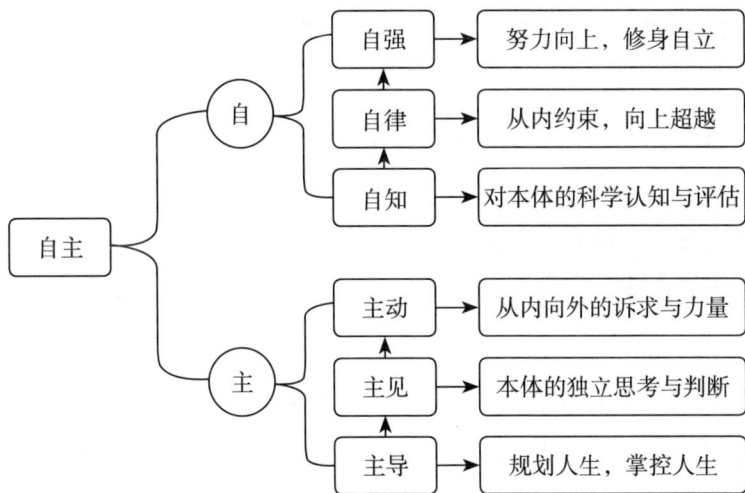

图1-3-1　自主内涵——"三自三主"

1. 自主教育之自（发展性）

从人的发展纵向过程来讲，自知是基石，自律是机制，自强是目标。

（1）自知。对本体的科学认知与评估，是人成长发展的基石，无论是个体还是团体，都在对自我这个主体的本身、环境、时代、背景等方面综合了解的基础上更好地去谋求发展。

（2）自律。从内约束，向上超越，是人发展过程中的机制，是在成长和发展之路上不断用制度、道德意识和方法引导、支持、鼓励主体成长和发展的过程。

（3）自强。努力向上，修身自立，是人成长和发展所追求的目标和价值实现，每个个体的自强凝聚成自我人生价值的实现，促进个体更大潜能的发挥。

2. 自主教育之主（主体性）

从人的内在发展阶段方面来看，人以主动的精神促进主体按自身的特点去发展。

（1）主导。规划人生，掌控人生，思维主导，主体性的内在体现。是主体发展的本位，是内外因素促进的对象。

（2）主见。本体的独立思考与判断，是主体的见解，是主体的核心和灵魂，是主心骨，是个体发展的方向标。在发展的过程中时时处处主动思考、独立判断，确定人生发展的方向和路径，兼顾环境与个体内在的结合。

（3）主动。从内向外的诉求与力量，是主体内在精神的外显表现，是主体内在诉求的行动落实。

3. 自主发展三阶段五方面

自主教育成就有思想、能行动（思行并举）的自主人。自主发展有三个发展阶段：

（1）起点。要了解自己、认识自己、懂得自己，能和自己沟通。

（2）过程。要能够选择自己的命运，有能力对自己的人生做主。

（3）发展。要将自己的全部潜力发挥到极致，实现自己的人生价值。

自主发展的五个方面，即自主认知、自主规划、自主实践、自主管理、自主自强，这也是"三自三主"的核心内容。

自主发展的三阶段五方面结构关系如图1-3-2所示。

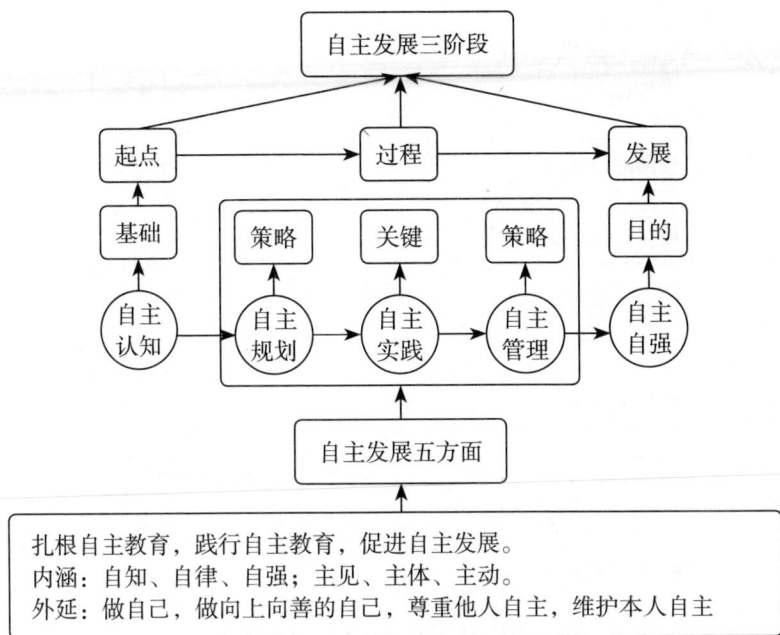

图1-3-2 自主发展三阶段五方面

自主教育育就之人，在谋求自主发展的同时要兼顾他人的自主和发展，尊重他人的独特性，既要修己，更要利他。

4. 自主教育环境

自主教育的环境是开放的，引导是多元的，形态是多样的。在自主教育的环境中，学习主体能够感到安全，受到尊重，能够自主选择，能够最大限度地发挥自己的潜力，呈现出形态的丰富性。

就学校个体而言，学校自主教育环境包括学校课程、学校课堂、校园环境、校园设置、校园活动、师生关系、家校关系、网络环境，须遵循安全、尊重、选择、多元、开放的原则。（图1-3-3）

就学校自主教育结构体系而言，包含两个部分：独立个体和学校集体。这两个部分均体现自主性和发展性，指向的内容分别是：独立个体指向师生的自主发展、自主管理、自主规划、自主工作、自主学习、自主生活，聚焦个体发展；学校集体指向学校自主环境、自主文化、自主课程、自主课堂、师生关系、自主家校，聚焦集体融合发展。（图1-3-4）

第一章 关于「自主教育」的缘起与理解

做
自
己
的
小主人
——
自
主
教
育
实
践
探
索

学校课程
学校课堂
校园环境
校园设置
校园活动
师生关系
家校关系
网络环境
→ 自主教育环境 →
安全
尊重
选择
多元
开放

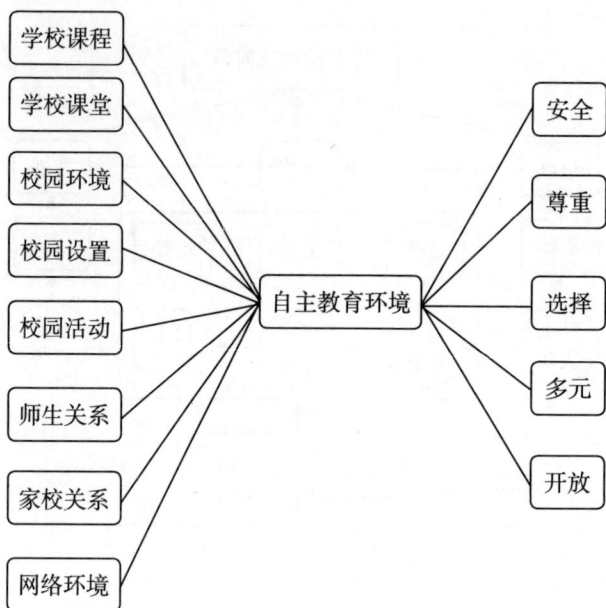

图1-3-3　学校自主教育环境构建图

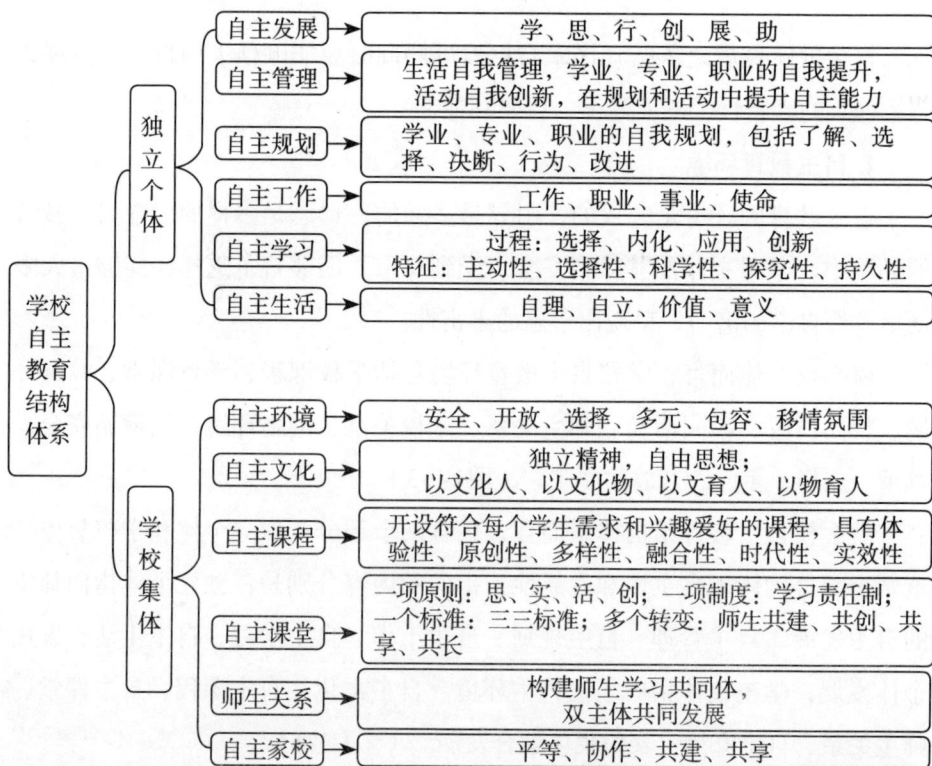

学校自主教育结构体系

独立个体
- 自主发展 → 学、思、行、创、展、助
- 自主管理 → 生活自我管理，学业、专业、职业的自我提升，活动自我创新，在规划和活动中提升自主能力
- 自主规划 → 学业、专业、职业的自我规划，包括了解、选择、决断、行为、改进
- 自主工作 → 工作、职业、事业、使命
- 自主学习 → 过程：选择、内化、应用、创新　特征：主动性、选择性、科学性、探究性、持久性
- 自主生活 → 自理、自立、价值、意义

学校集体
- 自主环境 → 安全、开放、选择、多元、包容、移情氛围
- 自主文化 → 独立精神，自由思想；以文化人、以文化物、以文育人、以物育人
- 自主课程 → 开设符合每个学生需求和兴趣爱好的课程，具有体验性、原创性、多样性、融合性、时代性、实效性
- 自主课堂 → 一项原则：思、实、活、创；一项制度：学习责任制；一个标准：三三标准；多个转变：师生共建、共创、共享、共长
- 师生关系 → 构建师生学习共同体，双主体共同发展
- 自主家校 → 平等、协作、共建、共享

图1-3-4　学校自主教育结构体系

第四节　自主教育关注

1. 自主教育生命成长

自主教育是一种充分发挥生命个体发展性和主体性的教育理念，关注每个个体的生命成长和自主发展。

2. 自主教育责任担当

自主教育关注每个人生命成长中的责任心、使命和担当能力的培养，包括社会责任与担当、家庭责任与担当和个人发展责任与担当，我们必须培养每个人的社会责任心和公德心，不危害社会，做对社会有用的人，热爱世界、热爱祖国、热爱家庭，具有家国情怀，正确处理人际关系；培养人的家庭责任感与担当，继承和发扬传统家庭文化，尊老爱幼，勤劳朴实，勤奋节俭；培养个人对国家、社会和集体的责任感与担当，追求人生目标，实现自我价值。

3. 自主教育终身学习

随着社会生产力的发展和人们知识水平的不断提高，整个社会将向着"学习型"社会方向发展，终身学习将成为人们适应社会高速发展的必备能力。学习是人成长与发展的最重要素养，每个人在成长与发展过程中都离不开学习，只有不断学习，才能充实并提升自己。自主教育提倡高效学习，有针对性和有目的地学习，从而快速、高效地提高自身知识水平和实践能力。

4. 自主教育科学精神

科学既是社会发展的第一生产力，也是推动人和社会发展的最重要动力。增强科学素养有助于推动人和社会发展的前进步伐，自主教育将提高人的科学水平作为一个重要目标，旨在通过自主学习，培养人的科学精神，提高每个人的科学素养，促进人的快速发展，推动社会的不断进步。

5. 自主教育创新发展

创新是人和社会发展的动力，创新包括知识创新、科学技术创新、价值创新等，在快速发展的社会条件下，创新可开拓人的思维，激发人的智慧，实现个人的人生价值，从而推动整个社会的发展。

自主教育作为一个适应时代发展和社会需求的崭新的教育理论体系，有着丰富而独特的内涵。

（1）自主教育的客体和主体。自主教育的客体是起辅助作用的教育者，在学校为教师，在家庭为家长。他们是具有一定知识和知识传授能力的人。在教师和家长中，由于目前应试教育体制改革工作尚未全面展开，自主教育的工作大部分落在了父母身上。自主教育的主体是受教育者，他们是教育过程的主动方，需要通过教育学习并掌握某些知识或技能。自主教育的主体也可以是任何学习者。值得注意的是，自主教育中的主体、客体并非固定不变。也就是说，并非教育者一直都是教育者，受教育者永远都是受教育者。在自主教育的前期，父母与教师是客体。到了自主教育的后期，受教育者已经掌握了自主教育的方法并将其应用到自己的学习生活中后，受教育者（自主教育的主体）就发生了转变，变为自我教育的客体。这时，受教育者既是主体也是客体，教育行为自身化了。

（2）自主教育的目的。自主教育推崇的是对人生意义和理想的追求，反对盲目的信仰和崇拜权威，强调理性，重视科学知识。在实际的自主教育过程中，重视个体个性的发展，德、智、体、美并重，反对"分数决定论""成绩决定论"。自主教育的目的是造就适应时代发展的有竞争力，具有良好的综合素质和个性的人。因此，知识的积累并不是最重要的，重要的是能力的培养和人格的塑造。

（3）自主教育的内容。一个人从平凡走向成功的关键在于超强的能力和完善的人格。自主教育正是紧紧地抓住了这两点，挖掘学生身上的潜能，培养学生良好的性情和高尚的品德。

第二章

自主教育实践探索

第一节　自主管理

基于学校提出的"自主教育"的办学理念，在德育方面，平沙实验小学提出了德育管理体系"自主管理"，围绕培养学生的自主管理能力，从学校、班级开展的活动、行为规范以及未来规划方面积极为学生搭建平台。同时，让学生充分参与到学校管理、班级管理的"自主管理"模式中，让学校的管理人员、班主任从繁杂的事务中解放出来，既身心轻松，又科学有效。

我的学校，我做主

为提高平沙实验小学管理的民主性、科学性，充分发挥"育人为中心，学生为主体"的教育思想，调动学生自主参与、自我服务、自主管理的积极性，发挥学生在协助学校实施规范化管理中的作用，平沙实验小学让学生充分参与学校建立的学生自主管理机制、制度文化建设、活动文化建设，更加体现了以生为本的"自主管理"。

一、学生自主管理机制

为深入了解学生的成长需要和推进学校管理的民主化，使学校的教育教学更有效地贴近学生、服务学生，以提高学校管理的针对性和实效性，平沙实验小学积极为学生参与校务管理搭建平台，并逐步培养学生的自主管理意识和管理能力。学校制定的学生参与学校管理的制度如下。

1. 自主性校级管理制度

学校设立小行政领导9名，设立校长室、德育处、教务处、后勤处等部门，部门负责人各2名，各部门人员的产生由学生自愿报名，经各部门考核竞争上岗。其主要职责是，深入了解学生的学习需求和学生的思想行为动态，主动制止学生的不良行为，积极反馈学生对学校管理的意见，及时提出对学校管理的合理化建议。各部门负责人每月向德育副校长、主任汇报工作一次，每学期述职一次。

2. 学生年级委员会制度

各年级成立年级委员会，各级委员会由各班选派学生组成，年级委员会在年级长的指导下开展工作，主要负责学校各项管理制度的贯彻落实、检查评比和本年级学生活动的开展。年级委员会对每天检查的结果要及时公示，对每周检查的情况在年级展板上展示，并在年级集会时认真总结。

3. 学生座谈会制度

加强与学生的沟通是落实学校德育教育的重要手段。学校德育处定期召开学生座谈会，以便全面地了解学生的学习生活情况，提高德育工作的针对性和有效性。学生座谈会拟每月组织一次，主要有民主教育座谈会、问题学生座谈会、教学反馈座谈会和德育管理座谈会等。

4. 学生值勤制度

为了进一步推动学校自主管理的发展，更好地评价班级管理的效果，平沙实验小学制定了"星级文明班"评比方案和办法，拟订"星级文明班"评比细则。与此同时，为了使"星级文明班"的评比更加公正，效果更加明显，能体现学生的自主管理，平沙实验小学进行了相关改革，培养一批来自四年级至六年级由40多人组成的校级值日生队伍，采用交叉管理的方式让学生管理学校的日常事务。由德育处负责成立红领巾值勤岗，四年级至六年级每班选5~8名学生为值勤员，值勤员在当天值勤组长的指导下开展工作，主要负责学生文明礼貌、个人卫生、组织纪律等行为习惯方面的督查，并对各班的情况进行考核评比，以此评选"星级文明班"。

5. 学生干部评价制度

在学生评价方面做到"奖励学生民主化，批评学生民主化"。学生干部评价分为平时考核和期末考核，平时考核值勤当天由自评与他评相结合；期末考核在每学期末进行，以平时考核为基础，个人总结与全体干部评议相结合产生优秀、称职、不称职等次。期末考核优秀的校干部，可在下一轮校干部竞选中作为硬件之一；期末考核不合格的干部，则取消下一轮校干部竞选资格。

6. 构建自主性年级管理机制

建立符合年级特点的自主性管理机构。为了让学生参与年级事务的管理，平沙实验小学要求各年级结合实际拟订年级管理服务岗位，制定相应的岗位职责和要求，形成了一套积极有效的自主性年级管理模式。比如低年级的学生由于年纪比较小，自我管理能力比较差，刚步入小学校门的他们最需要的是适应小学生的生活，以及逐步熟悉学校的各项规章制度，养成文明有礼的行为习惯，为此他们成立了师生共建的"文明使者"管理机构，设立"小律师""小法官""文明天使"等岗位，定出具体可行的岗位要求，让这些文明的小使者"有法可依""有样可学"。这些小干部一方面对各班进行管理，另一方面对一些存在的问题向教师提出来并不断改进，确保全年级都能拿到"星级文明班"。

与此同时，为了取得更好的管理效果，促进学生良好行为的养成，低年级教师还提出开展"大手拉小手"——高低年级学生互助的管理模式，不仅规范了低年级的管理，还为高年级的学生创造了更多的锻炼机会。

案例：

平沙实验小学开展"大手拉小手"活动方案

【活动目的】

采用高年级与低年级各班结对子"大手拉小手"的形式，让高年级的学生参与低年级的日常事务管理，包括纪律、卫生、管理，以及晨读和协助班里活动的开展。这样一方面为高年级的学生提供了锻炼的机会，培养他们关爱他人的行为和品质，以及组织管理能力和人际协调能力；另一方面，通过高年级学生良好行为的影响，感染低年级的学生，促进低年级学生良好行为的养成，提高自主管理能力。这是一种良好的行为互动和感情互动，学生通过这种相互之间的榜样效应，形成了良好的教育效应循环。

【活动要求】

1. "大手拉小手"的方式

（1）一年级与六年级、二年级与五年级，采用对应班级互相拉手的方式。

（2）五、六年级各班推荐5名富有爱心、责任心，有一定语言表达水平的学生充当"小教师"的角色，参与管理对应班级包括纪律、卫生、管理，以及晨读和协助班里活动的开展。

（3）开设"知心姐姐（哥哥）"信箱，让知心姐姐（哥哥）以谈话、咨询、书信等形式帮助低年级学生解决日常生活、学习上遇到的难题。

2. 职责与安排（表2-1-1）

表2-1-1 "小教师"职责与安排

时间安排	职责
早读（7：30—8：00）	组织学生认真地进行早读
上午放学（11：15—11：30）	监督值日生搞好班级卫生，关好教室门窗
午休（13：00—14：00）	管理好班级午休纪律
下午放学（16：35—17：00）	监督值日生搞好班级卫生，查阅信箱给予回复（不能当天回复的应尽早回复，不能解决的应转给班主任解决）
学校集体大扫除时	帮助低年级学生完成学校的卫生任务

3. 上岗培训

（1）低年级各班班主任要组织"小教师"学习本班的班规班训、量化细则，介绍班里的基本情况，让他们熟悉班里的常规管理情况，使他们明确自己的任务与职责。

（2）低年级班主任要对"小教师"进行岗位培训，培养"小教师"的组织管理能力：①怎样消除学生对教师的惧怕心理；②怎样维持班级纪律；③怎样管理早读；④怎样处理偶发事件；⑤怎样进行表扬和批评（学习具体的语言）；⑥怎样帮助后进生。

（3）低年级各班主任要善于营造融洽的"大手拉小手"的互敬互爱的人际氛围和管理氛围，协助"小教师"开展工作，在班里树立他们的威信，激发他们参与工作的热情与积极性，一步一步地引导他们做好工作。

（4）让"小教师"与班里的小干部们合作，共同开展班级管理工作，使"大手"与"小手"互相促进、互相学习、共同提高，班主任随时做好督导、协调的工作。

【活动评价】

为了激发"小教师"的工作热情，优化管理，协调好管理中出现的一些问题，采用"每日一评""每周一评""每月一评""学期一评"的方式，对"大手拉小手"活动进行评价。

二、学生自主管理学校制度文化建设

1. 学校制度"我"来定

学校在制定校规、校歌、校旗、校徽、"星级文明班"评比细则和制度等过程中，为了更加民主，充分站在学生角度着想，以年级组为单位广泛收集各班学生的建议，学生参与设计、创作后，再经学生日常管理委员会、教代会来制定，让学校校规（表2-1-2）更加科学、合理，体现人性化的同时实现学生的"自主管理"。

案例：

表2-1-2　实现学生"自主管理"的学校校规

平沙实验小学每日常规
一日常规要记牢，早间进校就读书
午间教室无喧哗，安静有序好常规
课间不做危险事，不奔跑来不吵闹
卫生清洁要保持，打扫工作要彻底
放学路队举班牌，队列整齐有精神
大课间时进退场，动作迅速无吵闹
上下楼梯要安静，互相谦让靠右行
危险行为我不做，安全时刻记心间
遵守作息时间表，按时到校不迟到
文明教育要到位，见到师长问声好
同学之间要友爱，眼操规范要到位
童谣背诵不能忘，出口成章人人夸

（学生参与制定规则后创编成了校规）

（1）校旗、校徽（图2-1-1）

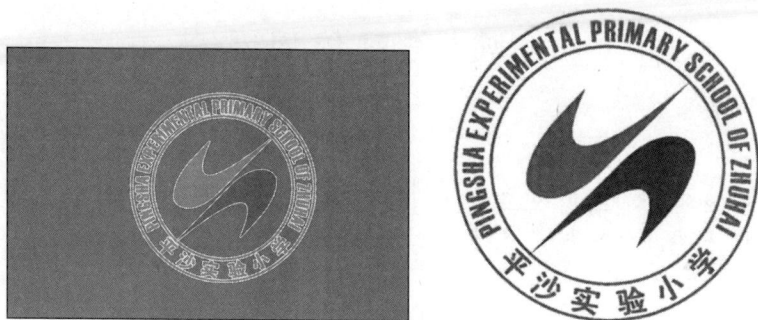

图2-1-1　我的校徽我解读

（校旗、校徽经过学生的集思广益后产生）

① 颜色

绿色：绿色学校、绿色发展（可持续发展）、绿色环保。

蓝色：海的本色——博大、包容、深邃。

② 形状

大雁展翅高飞，寓意平沙实验小学（以下简称实小）教育教学成绩能振翅高飞。取"雁"形的原因，实小文化落脚点在"雁"文化，平沙是"雁"文化的落脚点（平沙落雁）。

③ 周围（圆圈）

A. 上半部的英文代表着实小的教育跟国际接轨，跟现代教育接轨。

B. 下半部的中文寓意为立足实小，立足中国传统文化。

（2）校训及其含义

厚德树人——教师要厚积品德，教书育人。教师无私奉献，以崇高的道德、博大精深的学识培育学子成才。

博学笃行——学生要广博学习，打牢基础，培养品德，学以致用。

学好知识走天下与时俱进，身体力行创新思想。

（3）校歌："我的校歌我创作"

噢 美丽校园

1=♭A 4/4

稍快

词：陈艺琳
曲：李奕瀚

来 来 来 来　来 来 来 来　来 来 来 来 来 来 来 来　来 来

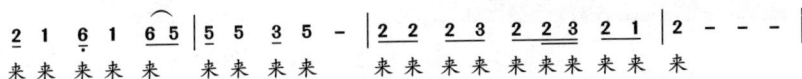
来 来 来 来 来　来 来 来 来　来 来 来 来 来 来 来 来 来

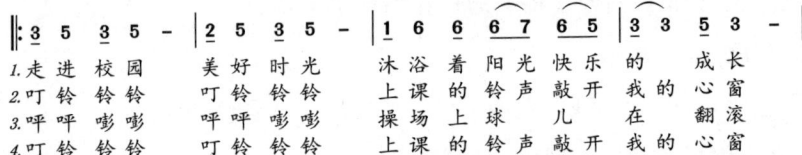
1. 走 进 校 园　美 好 时 光　沐 浴 着 阳 光 快 乐 的　成 长
2. 叮 铃 铃 铃　叮 铃 铃 铃　上 课 的 铃 声 敲 开 我 的 心 窗
3. 呼 呼 嘭 嘭　呼 呼 嘭 嘭　操 场 上 球 儿 在　翻 滚
4. 叮 铃 铃 铃　叮 铃 铃 铃　上 课 的 铃 声 敲 开 我 的 心 窗

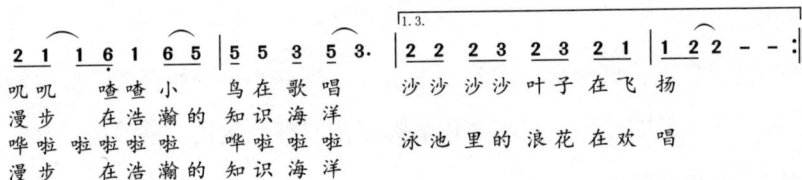
叽叽 喳喳 小 鸟 在 歌 唱　沙 沙 沙 沙 叶 子 在 飞 扬
漫 步 在 浩 瀚 的 知 识 海 洋　泳 池 里 的 浪 花 在 欢 唱
哗 啦 啦 啦 啦 哗 啦 啦 啦　泳 池 里 的 浪 花 在 欢 唱
漫 步 在 浩 瀚 的 知 识 海 洋

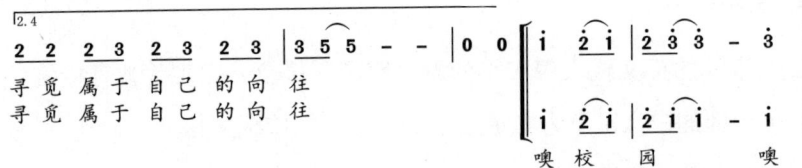
寻 觅 属 于 自 己 的 向 往
寻 觅 属 于 自 己 的 向 往
噢 校 园 噢

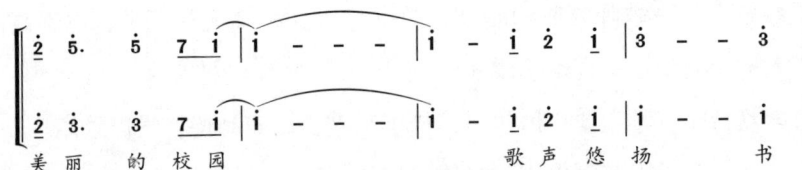
美 丽 的 校 园　歌 声 悠 扬　书

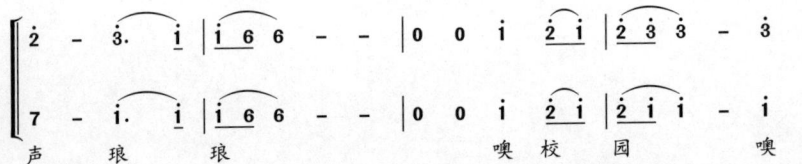
声 琅 琅　噢 校 园 噢

‖: 2̇ 5. 5 7̲ 1̇ | 1̇ - - - | 1̇ - 1̇ 2̇ 1̇ | 3̇ - - 3̇ |

‖: 2̇ 3. 3 7̲ 1̇ | 1̇ - - - | 1̇ - 1̇ 7 1̇ | 1̇ - - 1̇ |

美 丽 的 校 园　　　　放 飞 梦 想　 健

‖: 2̇ - 3̇ 1̇ | 1̲ 6̲ 6 - - | 6 - 1 2 | 3. 3 3̲ 2̲ 1̲ |

‖: 7 - 1̇ 1̇ | 1̲ 6̲ 6 - - | 6 - (间奏)

康 的 成 长

2. 2̲ 2̲ 1̲ 7̲ | 1. 1̲ 1̲ 7̲ 1 | 5 - 4 5 | 6. 6̲ 6̲ 5̲ 4̲ |

5. 5̲ 5̲ 4̲ 3̲ | 4. 4̲ 4̲ 3̲ 2̲ 1̲ | 2 - 1 2 | 3. 3̲ 3̲ 2̲ 1̲ |

2. 2̲ 2̲ 1̲ 7̲ | 1. 1̲ 1̲ 7̲ 1 | 5 - 4 5 | 6. 6̲ 6̲ 5̲ 4̲ |

5. 5̲ 5̲ 4̲ 3̲ | 4 0 3̲ 4̲ 0 3̲ | 1̇ 6̲ 5̲ 6̲ 5̲ 3̲ 2̲ 3̲ | 1 - - - :‖

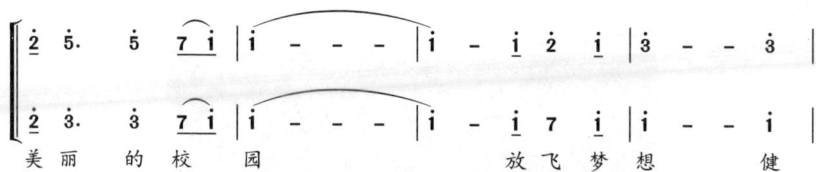

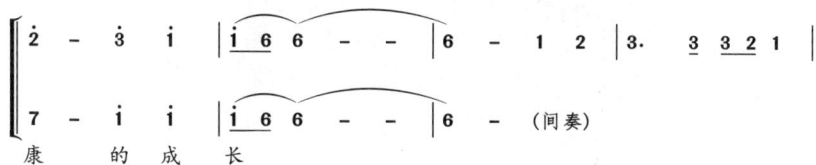

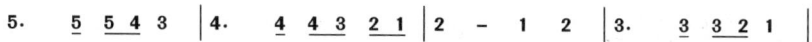

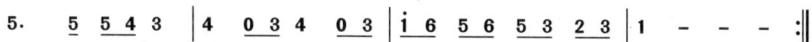

图2-1-2 我的校歌我创作

（校歌是面向全校学生公开征集产生的，词曲均由学生创作）

三、学生自主主持、参与学校组织的重大活动

少先队大队部成立少先队大队委，大队委由竞选产生，设大队长1名、副大队长2名，其他干部8名。学校的重大学生活动一般由小行政领导与少先队大队部共同商讨主持，德育处大胆让出活动的组织权，让小行政领导、大队委在辅导员的指导下自主设计活动方案，自主落实活动过程，积极参与活动总结。（图2-1-3）

案例：

图2-1-3　学生日常管理委员会、大队部组织"自主管理"系列活动

四、学生参与学校日常其他管理

1.以"自主管理"为中心的环境熏陶

平沙实验小学注重创设良好的学校环境文化，营造浓郁的自主教育氛围，使学生在耳濡目染中受到潜移默化的教育。在学校的宣传栏中，展示了学生自主管理活动的成果图片和作品，在各教学大楼的楼道墙壁上张贴有关自主管理的名言，走进每个班级的教室，可以看到"自觉自律"的班标，布告栏上有自主管理的班级实施目标和计划，黑板报的主题内容有自主管理的专刊，班级内设有意见箱……让学校的每一个地方、每一处环境都围绕着自主管理的主题，为学生的自主管理服务。

2.培养"我是学校的主人"的意识

学生是课堂的主体，是学校的主人，应该在学校的管理中有自己的声音，有自己合理的愿望表达。为了让学生能广泛地参与学校的管理，成为学校管理的主人，平沙实验小学建立了"两会一员"，即学生日常管理委员会、食堂管理委员会和学生评议员。学生日常管理委员会负责对学习、卫生、文体、安全、纪律等工作的全面监督和管理，及时发现并解决问题，做好记录、劝导和反馈工作。学生会检查量化的结果将直接纳入"星级文明班"量化考评，作为期末评选先进班集体的重要依据。

学校食堂由食堂管理委员会负责，食堂管理委员会由学校的领导、食堂经营负责人及学生管理小监督员组成，每周一都要定期评选出就餐文明班级，学生秩序管理小组负责学生的文明就餐等。（图2-1-4）

图2-1-4 学生评议员进行评议、评选活动

学校设立学生评议员。校长每学期聘任12名学生评议员加强与学生的沟通，以改进学校的工作。另外，学生评议员要参加学校每学期末召开的由学校领导、教师代表、家长代表等组织的座谈会，商讨学校的重要工作。

我的班级，我做主

要想最终实现学生自主管理，就需要做到教师管理得轻松、学校管理得科学，一定要花时间在班级管理上。于是，平沙实验小学围绕"自主管理"的体系理念，在"我的学校，我做主"的基础上，又提出了"我的班级，我做主"的班级管理口号。让学生充分参与班级的精细化管理，分担了班主任的工作，实现了学校提出的"自主管理"目标。

精细化管理是现代管理最重要、最科学的方法，特别是我们学校人多，更要实行精细化管理，方可做到"人人有事做，事事有人做"。精细化管理既是一种意识，也是一种认真的态度，更是一种精益求精的文化。老子说："天下难事，必作于易；天下大事，必作于细。"凡事都是由许多细节组成的，只要把细节做好了，把每一件小事做好了，大事、难事也就容易完成了。

平沙实验小学通过构建对班级、学生的精细化管理体系，提高学校的自主管理水平。学校主要从班级入手，对班级精细化管理，制定平沙实验小学一日常规，对学生的学习、品德、礼仪、生活、卫生、运动、纪律、安全等方面进行评价，建立和完善与素质教育相适应的学生多彩评价体系，从而让学生在学校、班级、家庭，甚至进入社会后都能形成自主管理的习惯，做到自律。

一、建立健全班级自主管理制度

1. 执行"小卫士值班制"

平沙实验小学实行小卫士值班制,检查学生的行为规范、仪表、室内外卫生和纪律等。在检查他人的同时也对照检查自己的行为是否规范,达到自我教育的效果。这一举措,使班级每个学生既是干部,也是群众;既是管理者,也是被管理者;既督促他人的行为,也被他人督促遵守行为规范。

2. 实行"人人岗位责任制"

在班级精细化管理中,我们善于利用每个学生的特长,发挥他们的特长,使人人成为班级的管理者,使每个学生都在集体中担负着一定的责任。班主任把班级活动的开展、班团队干部会议的召开、班级环境的布置、黑板报的更新、班级卫生管理等班级日常工作分派给指定的学生,使每个学生在班级内都有一份明确的职责,为每一个学生创设展示自我才华的平台,让学生各负其责,各尽所长,都成为班级的小主人,班级的荣辱与集体中每个成员息息相关,人人都愿意为班级添砖加瓦。

3. 建立有班级特色的班规

在遵守学校规章制度这一大前提下,学校要求各班根据自己班级的特点建立合适的、富有特色的班规。班主任在制定班规的时候,放手把主动权交给学生,经过民主协商,抓住本班级的特点,制定合适的班规,并且张贴在布告栏上。由于班规主要由学生自己制定,因而学生就会根据班规的要求规范自己的言行,自觉地知道哪些该做,哪些不该做,使学生从"教师要管我"转变为"我要管我"。

案例:

一(1)班

班训:学习好,习惯好。

班规:铃声响,教室静。学具齐,坐姿正。

坐得住,爱思考。敢发言,作业好。

讲真诚,不说谎。讲谦让,不打闹。

懂礼貌,人人夸。勤锻炼,身体棒。

二（1）班

班训：只要努力，每天都会有进步。

班规：学会自理自律，

学会勤奋刻苦，

待人热情宽容，

健体坚持不懈。

二（2）班

班训：我是小主人，让我自己来。

班规：让我自己来做，做实践的小主人。

让我自己来管，做管理的小主人。

让我自己来玩，做玩的小主人。

让我自己来创造，做创造的小主人。

三（1）班

班训：集体进步我进步。

班规：班级学习好，人人勤参与。

班级秩序好，人人守纪律。

班级文明好，人人有善举。

班级财物好，人人都爱惜。

班级体质好，人人练身体。

班级视力好，人人做眼操。

我爱班集体，争创星级班。

四（2）班

班训：时时有事做，事事有人做。

班规：铃响静悄悄，用具摆放好。

课上静下心，踏实学习好。

作业静静写，工整快又好。

排队快静齐，活动秩序好。

二、规定"自主管理"班级精细化管理的"六表"

班级精细化管理一定要做好以下6个表格的内容：

（1）《公约表》：把制度交给大家讨论通过，变成公约。

（2）《分工表》：人员分工，明确职责。

（3）《评分表》：把人员的工作进行量化考核，可以用分数来计算。

（4）《奖励表》：根据量化考核的结果进行奖罚，主要方式有精神奖励、活动奖励和物质奖励。

（5）《活动表》：把一个学期或一年的有关活动列出来，让大家清楚。

（6）《资源表》：把各种可利用的资源列出来，方便有需要的时候使用。

案例：

班级精细化管理表格见表2-1-3，班干部的分工表见表2-1-4。

表2-1-3　班级精细化管理表格

班级公约表
1.学习类
（1）早读课大声朗读，辅导课安静做练习；
（2）作业认真、工整；作业缺交的要及时补交，不拖拉。
2.礼仪类
（1）文明有礼，见到教师、外宾和同学要主动、大方地问好；
（2）文明用语，不随便给学生起绰号。
3.生活类
（1）不带零食到班上吃；
（2）用水瓶从家里带水来喝，少买、少喝饮料。
4.卫生类
（1）不乱扔垃圾，发现教室有垃圾应主动捡起来；
（2）爱护公共环境和财物，不在教室、桌椅上乱涂乱画。
5.运动类
（1）大课间操要做到整齐；
（2）学会游泳。
6.纪律类
（1）上课时不准私下说话；

班级公约表
（2）课间不准推推搡搡，不在走廊、过道追逐、打闹、嬉戏。
7.安全类
（1）严禁把楼梯护栏当滑梯，严禁下楼时冲跑或跳下台阶；
（2）遵守交通规则，过马路注意看交通灯。
8.其他类
（1）节约用电，离开教室时，主动关闭风扇等电器；
（2）没经教师同意不碰电脑、投影仪、喇叭等教学设备。

表2-1-4 班干部的分工表

火车跑得快，全靠车头带。以下班干部岗位共有30个，同学们根据自己的能力和喜好挑选适合自己的岗位，在毛遂自荐的基础上，由全班同学投票选出最负责的人员担任
1.班长
（1）常务班长：2名（投票选举）；
（2）值日班长：1名（按照学号，每人每天轮流当值日班长，协助参与管理班级，当天值日的考评由班主任和常务班长评定，获优的值日班长下一轮优先担任值日班长，不负责的值日班长即淘汰）；
（3）体育班长：1名（投票选举）；
（4）劳动班长：1名（投票选举）。
2.课前组织班长：5名（毛遂自荐+教师、同学的考核，负责课前准备）
（1）语文课：1名；
（2）数学课：1名；
（3）英语课：1名；
（4）其他课：1名；
（5）午读：1名。
3.组长：8名（组员投票）
4.科代表：6名（自愿报名，由所在科的教师考核确定）
（1）语文：2名；
（2）数学：2名；
（3）英语：2名。

第二章 自主教育实践探索

5.其他负责人
（1）电教员：1名（具备一定的电教水平，自愿报名后考核通过）；
（2）小荷图书馆馆长：1名（投票选举）；
（3）图书管理员：2名（由馆长组阁）；
（4）早餐管理员：1名（投票选举）；
（5）卫生监督员：1名（投票选举）。

三、建设以"自主管理"为主题的班级文化

平沙实验小学以"我的班级，我做主"为班级文化建设内容，由每个班级的学生通过民主讨论，自行设计自己班级的班花、班树或班草，确立班级文化建设的内涵、班级文化的建设目标，并且设计班徽、班号、班训，共同制定班规，自行设计特色班级文化活动。通过班级文化创建活动，使班级每个学生的行为规范自觉向班级目标靠拢，使自主管理真正落到实处。

案例：

（1）体现班级管理状态的公布栏。张贴班规班训、班级管理制度、小学生行为规范、一日常规等，使学生感受到集体的纪律和秩序的约束。张贴班级奋斗目标（近期目标、中期目标、远景目标），使学生获得前进的动力。张贴班级岗位负责人一览表、班干部职责表，使学生感悟到在集体中要承担责任。张贴班级活动计划，使学生感受自我展示和自我发展的生命价值。

（2）以拓展学生知识面为主的知识加油站。设计"知识角""你知道吗？""谜语王国"等栏目，开阔学生视野，开发学生智力。设计"生物角""环保之旅""人与自然"等栏目，提高学生环保意识，培养环保行为。设计"小小图书馆""好书推荐""古诗诵读乐园""识字乐园""我会算""我会背"等栏目，让学生的学习充满乐趣。

（3）展现学生风采、特长的竞赛栏和展示栏。例如，"心灵手巧""优秀作业栏""露一手""小小书法家""创意小制作"等，展示学生的书画作品、小制作、摄影作品等，让学生的个性得到张扬，体验成功的快乐。

（4）展示班级民主生活的荣誉角。例如，"群星灿烂""班级之

星""每周之星""班级日志""红旗榜""班级小主人""好少年""好孩子""顶呱呱管理者"等，让学生的进步看得见。

（5）展示班级小队文化生活的特色小队沙龙。例如，以"温馨家园""瞧我们这一家""集体生活多快乐"为主题而张贴的一些照片等，以小队为单位张贴小队成员照片或在学校生活的照片，介绍小队成员个性特长及展示小队特色作品等，让班级里的小队生活充满欢乐，小队成员相互之间更了解，增强凝聚力。

（6）警示教育的快乐修养俱乐部。例如，设计"争分夺秒""每日格言""班级公约""文明公约""温馨提示"等栏目，让学生在潜移默化中养成良好的品质，促进人格的内化。

我的活动，我做主

德育活动的开展有利于学生各方面能力的培养，容易让学生在活动中找到自我。因此，平沙实验小学每学期都要开展各项德育活动，使学生在活动中提高自主管理的能力。

学校开展的活动主要由学生日常管理委员会、大队部、年级负责组织，目的是培养学生独立自主的能力。

一、开展争创星级文明班级的活动

以各班级为单位，根据制定的《星级文明班级评比细则》，各班级在纪律、行规、学习、黑板报等方面展开竞赛，参评的项目每日由小卫士检查公布，每月总评，颁发流动"星级文明班"班牌，进行奖励。通过争创活动，每个学生为了维护自己班级的荣誉，就会自觉、严格地执行各项规范。

二、评选优秀，树立榜样

学生身边的榜样最为重要，特别是单向榜样，既能让进步生体验成功，激励他们更上一层楼，又为其他学生树立了学习的典范。每月学校开展"争做行为规范标兵的评比活动"，这些行为规范标兵将佩戴标志，在校内站岗值勤，检查督促其他人的卫生、就餐、课间活动、乘车等情况。学生在参与这一活动的过程中，找到了身边的模范生的闪光点，以榜样的力量来激励自己形成自觉的行为。

三、学生主持升旗仪式，点评行为规范

每周一，由值周班级、学生会联合主持学校的升旗仪式，通过升旗仪式，学生代表对学校上周的行为规范做一个总结和反馈。

四、各种"节日"活动让学生自主组织开展

平沙实验小学每学年会组织开展多种传统活动，如"艺术节""科技节""体育节""环保周"等，都由学生参与方案的制订与具体事项的安排，为学生提供了施展才华与实现自我发展的机会。（图2-1-5、图2-1-6、表2-1-5）

图2-1-5 大型爱国主义教育活动、手工灯笼文化节

图2-1-6 体育节和艺术节活动

表2-1-5 学生自主开展的各项活动

时间	活动主题	活动形式	备注
3月	植树节	学生在家自主植树、水培	培养学生的环境保护意识
5月	科技艺术节	学生组织机器人比赛和"六一"会演	培养学生自主创新意识和才艺表演自信意识
9月	颂师恩，赞师美	学生自主组织，德育处协助	给教师送花、感恩等
10月	爱国主义教育	学校大队部学生组织，德育处协助	在操场举行大型"我是护旗手"活动，培养爱国情怀
11月	体育节	学生自主报名	发扬体育拼搏精神
12月	展灯笼，迎新年	学生自行手工制作灯笼	优秀作品在大厅展出

年级的自主性活动主要包括"才华展示"、"体育竞技"和"自主性级务展示"三大方面的内容。

案例：

六年级"才华展示"活动方案

【活动目的】

为学生提供一个展示自我的平台，让学生通过参加内容丰富、形式多样的展示会，不断发展自己的特长，提升自身素质。在活动过程中，提高班级干部的管理、协调能力，增强校园的文化氛围。通过六年级全体级委会成员讨论通过，特拟本年级活动方案如下：

活动时间：2019—2020学年第二学期。

活动人员：六年级全体学生。

【活动过程】

六年级"才华展示"活动方案具体内容，见表2-1-6。

表2-1-6　六年级才华展示活动方案

时间	主题	要求	分工	场地	奖励措施
3月	《快乐春天》综合才艺表演	1. 节目内容健康，能体现新风尚，展示积极向上的新面貌； 2. 各班自由准备展示的节目，要求第二周上交节目单； 3. 本月第四个星期三彩排，星期五演出	1. 宣传部在年级展示台做好动员工作，并布置会场； 2. 纪检部做好会场纪律、卫生的检查、督促工作； 3. 组织部收集各班节目，写好串词，并培训主持人	阶梯课室	由观众投票选出4个"最受欢迎节目"，颁发奖状
4月	《剪出美丽，剪出智慧》个人剪纸比赛	1. 要求各班先在班内开展剪纸活动，选出3名选手代表级里的比赛； 2. 每幅作品要有题目，并做适当的说明	1. 宣传部在年级展示台做好动员工作，并布置会场； 2. 纪检部做好会场纪律、卫生的检查、督促工作； 3. 组织部收集各班的选手名单，并做好站位安排	硬底操场	由观众投票选出"十大剪纸小能手"，颁发奖状

时间	主题	要求	分工	场地	奖励措施
5月	《团结·拼搏·友谊》男女混合篮球比赛	1. 分组循环、胜一场得1分，负一场得零分。得分高者胜出，得分相同，按各队得分高胜出。 2. 每班派出男、女各7人参赛，第1、3节女队上场，第2、4节男队上场。 3. 统一穿校服。（不穿每人扣5分）。 4. 服从指挥，不喝倒彩，不讲侮辱性语言，否则扣5分。 5. 赛后主动收拾赛场	1. 宣传部在年级展示台做好动员工作，并布置会场； 2. 纪检部做好会场纪律、卫生的检查、督促工作； 3. 组织部组织各班体育委员抽签决定场次与对手； 4. 小组长负责邀请体育教师做裁判	篮球场	1. 根据分数高低决出前三名，颁发奖状； 2. 选出优秀啦啦队
6月	《赛夜莺》小歌手比赛	1. 要求各班先在班内开展个人演唱活动，选出两名代表参加年级的比赛； 2. 要求小歌手所唱歌曲健康向上，歌手具有一定的台风，讲文明、讲礼貌	1. 宣传部在年级展示台做好动员工作，并布置会场； 2. 纪检部做好会场纪律、卫生的检查、督促工作； 3. 组织部收集各班选手及演唱歌曲，写好串词，并培训主持人； 4. 小组长负责邀请音乐教师做评委	舞台	根据评委所打的分数高低选出"六年级十大小歌手"，颁发奖状
7月	《团结的力量》拔河比赛	1. 选出男、女各15名参加比赛； 2. 在活动过程中，要体现"友谊第一，比赛第二"的风采，不得喝倒彩，不得讽刺对手	1. 宣传部在年级展示台做好动员工作，并布置会场； 2. 纪检部做好会场纪律、卫生的检查、督促工作； 3. 组织部组织各班体育委员抽签决定场次与对手； 4. 小组长负责邀请本年级教师做裁判	篮球场	决出前三名，颁发奖状

第二章 自主教育实践探索

做自己的小主人
——自主教育实践探索

雏鹰展翅队旗下

——平沙实验小学入队仪式

2019年5月28日上午，平沙实验小学一年级少先队入队仪式于平沙实验小学大堂如期举行。在庄严的出旗曲中，鲜红的少先队旗由平沙实验小学旗手缓缓请出。平沙实验小学一年级学生悉数到场，迎接"入队"这一庄重而神圣的时刻。（图2-1-7）

图2-1-7　平沙实验小学入队仪式

六一乐"游园"，欢庆嘉年华

开展线上才艺表演和室内操评比等系列活动，充分发挥学生的主动性与创新精神，丰富学生的课余生活。2020年5月29日上午，"云"艺"家"年华评审组到各班进行室内操现场评比。学生们动作整齐，笑容甜美，稚嫩的脸庞显露出蓬勃朝气。（图2-1-8）

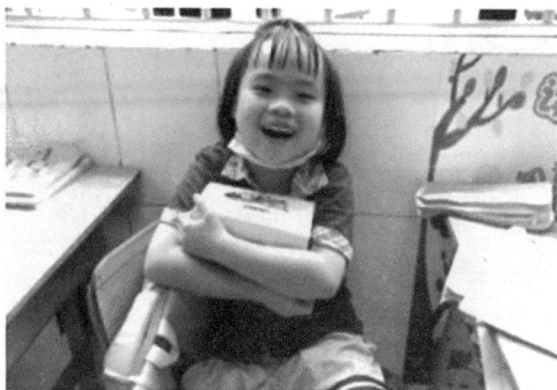

图2-1-8　才艺展示和室内操评比活动

讲好雷锋故事，传承雷锋精神

——平沙实验小学"向雷锋学习，向榜样看齐"系列活动

2018年3月19日，周一主题班会课上，三年级至六年级学生在课室里举行"向雷锋学习，向榜样看齐"系列活动5——讲雷锋故事比赛。（图2-1-9）

图2-1-9　讲雷锋故事比赛

捐赠爱心压岁钱　共享美好新时代
——向雷锋同志学习活动系列

2019年3月19日，平沙实验小学师生积极响应广东省红领巾基金发出的捐赠爱心压岁钱的号召，在国旗下开展学雷锋活动系列3——"捐赠爱心压岁钱　共享美好新时代"捐赠活动。在本次活动中，全体师生累计捐款15 139.1元。本次捐赠的爱心压岁钱将捐给广东省红领巾基金，给贫困家庭的小伙伴们送去温暖和希望。（图2-1-10）

图2-1-10　向雷锋学习师生捐款活动

珍爱生命，做自己的首席安全官

——《做自己的首席安全官——平安校园行》启动仪式

2018年4月18日下午，平沙实验小学举行了《做自己的首席安全官——平安校园行》启动仪式。（图2-1-11）

图2-1-11　平安校园行启动仪式

平沙实验小学举办校园足球文化节

为贯彻落实教育部等6部门《关于加快发展青少年校园足球的实施意见》和《中国足球中长期发展规划》的精神，营造积极向上的校园足球文化氛围，发挥足球育人功能，平沙实验小学于2018年10月15日举行了2018年校园足球文化节开幕仪式。（图2-1-12）

图2-1-12　足球文化节活动

红色研学社会实践活动

为提升学生综合素质，践行"自主学习，自主管理"教育理念，2019

年4月，平沙实验小学高年级和低年级师生分别赴唐家飞鹰基地和珠海淇澳岛开展了主题为"我是小红军"和"我是特种兵"的红色研学社会实践活动。（图2-1-13）

图2-1-13　学生红色研学社会实践活动

踩踏事故需防范，疏散演练保平安

为了进一步加强学校安全教育管理工作，提高师生的安全防范意识，平沙实验小学于2019年10月17日上午进行了预防踩踏事件安全应急疏散演练。随着警报声的响起，全校师生有序地按照紧急疏散路线撤离到操场，所有学生安全撤离，无意外事故发生。（图2-1-14）

图2-1-14　预防踩踏事件安全应急疏散演练活动

"我是护旗手"爱国主义主题活动

2019年9月30日，平沙实验小学举行"我是护旗手"爱国主义主题活动。（图2-1-15、图2-1-16）全校1900多名师生、高栏港区巡警大队警官代表及14位家长志愿者出席活动。本次活动意义非凡，点燃了全体师生的爱国热情，凝聚了平沙实验小学全体师生的力量。爱国不只是一则标语，更是切切实实的行动！

图2-1-15　升旗仪式

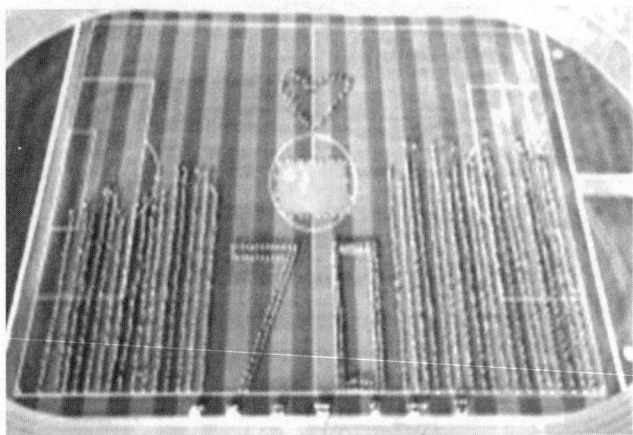
图2-1-16 点燃师生爱国情的爱国主义主题活动

平沙实验小学田径队荣获港区中小学生田径运动会团体第一名

2019年11月21—22日，平沙实验小学积极响应区工作局的号召，组织学生参加港区中小学生田径运动会。经过两天的激烈角逐，平沙实验小学获得本届港区冬季中小学生田径运动会团体总分第一名的傲人成绩！（图2-1-17）

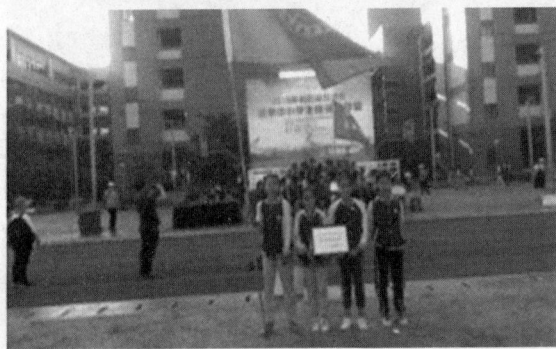
图2-1-17 田径运动会

平沙实验小学首届灯笼文化节

元旦前夕，平沙实验小学举办了"自主管理"灯笼文化节灯笼制作大赛活动（图2-1-18）。各式各样的灯笼在微风中摇曳，这是学生和家长利用周末时间，一起动手，共同制作的造型新颖、色彩绚丽、充满年味和童趣的灯笼。弘扬和传承中国传统文化，任重而道远，我们平沙实验小学师生带着文化自信，努力前行，一路高歌！

图2-1-18　灯笼文化节活动

我的行为，我做主

我国著名教育家叶圣陶先生说过，"什么是教育？教育就是要培养良好的习惯"。良好习惯的养成对于一个人的成长极为重要。养成教育，即培养学生良好的习惯，促进学生综合素质的提高，使其终身受益。所以，平沙实验小学非常注重学生行为习惯的养成，结合学校的"自主管理"德育体系，提出了学生的行为习惯养成主张——"我的行为，我做主"。

平沙实验小学学生的行为主要有乘车、上课、课间活动、午餐、午休、放学，学校制定了相关的学生行为规范。开始实施时每班分别设有学生乘车小组长、学生课间监督员、学生午餐监督员、学生午休监督员等，慢慢地培养每个学生成为管理员和监督员，学会进行自主管理和相互监督，真正做到"我的行为，我做主"。

为了有针对性地培养学生自主管理的能力，平沙实验小学针对不同的学段，制定了学生实现自主管理的操作手册，使学生在不同的阶段有不同的养成教育要求，采取阶梯式提升的方式来培养不同阶段的学生。同时，平沙实验小学召开系列主题校会，向学生阐释自我教育的重要性和必要性，并逐一向学生解释自我教育的内容，告诉学生自我管理的前提是具有强烈的责任意识，为学校、为班集体、为自己负责，从而促使学生树立正确的自我管理观念。同时，在各班级通过召开主题班会，引导学生思考、讨论，促使学生行为的转化，形成自觉的行为，真正做到"我的行为，我做主"。（表2-1-7、图2-1-19、图2-1-20）

表2-1-7　小学生自主管理成长手册（培养目标与内容）

平沙实验小学低段（一年级至二年级）学生自主管理养成教育成长手册					
培养主题	时间	年级	培养内容	方式	主要评价方式
行为与习惯、文明与礼仪	9月	一年级	学习一日常规	级组开展活动	多元评价系统
		二年级	文明用语	级组开展活动	多元评价系统
	10月	一年级	劳动习惯的养成	级组开展活动	多元评价系统
		二年级	文明如厕	级组开展活动	多元评价系统
	11月	一年级	礼仪习惯的养成	级组开展活动	多元评价系统
		二年级	文明行走	级组开展活动	多元评价系统
	12月	一年级	学习习惯的养成	级组开展活动	多元评价系统
		二年级	站、坐文明	级组开展活动	多元评价系统
	3月	一年级	交通习惯的养成	级组开展活动	多元评价系统
		二年级	仪容仪表	级组开展活动	多元评价系统
	4月	一年级	卫生习惯的养成	级组开展活动	多元评价系统
		二年级	鞠躬问候礼	级组开展活动	多元评价系统
	5月	一年级	纪律习惯的养成	级组开展活动	多元评价系统
		二年级	交往礼仪	级组开展活动	多元评价系统
	6月	一年级	运动习惯的养成	级组开展活动	多元评价系统
		二年级	同学礼仪	级组开展活动	多元评价系统

平沙实验小学中段（三年级至四年级）学生自主管理养成教育成长手册					
培养主题	时间	年级	培养内容	方式	主要评价方式
学习与合作、品德与纪律	9月	三年级	学会合作	级组开展活动	多元评价系统
		四年级	诚实守信教育	级组开展活动	多元评价系统
	10月	三年级	学会记忆	级组开展活动	多元评价系统
		四年级	公平教育	级组开展活动	多元评价系统
	11月	三年级	学会表达	级组开展活动	多元评价系统
		四年级	正义教育	级组开展活动	多元评价系统
	12月	三年级	学会阅读	级组开展活动	多元评价系统
		四年级	感恩教育	级组开展活动	多元评价系统
	3月	三年级	学会预习	级组开展活动	多元评价系统
		四年级	纪律教育	级组开展活动	多元评价系统
	4月	三年级	学会观察	级组开展活动	多元评价系统
		四年级	守法教育	级组开展活动	多元评价系统
	5月	三年级	学会分析思考	级组开展活动	多元评价系统
		四年级	团结互助教育	级组开展活动	多元评价系统
	6月	三年级	学会定计划	级组开展活动	多元评价系统
		四年级	敬业教育	级组开展活动	多元评价系统

平沙实验小学高段（五年级至六年级）学生自主管理养成教育成长手册					
培养主题	时间	年级	培养内容	方式	主要评价方式
生命与情感、理想与责任	9月	五年级	性别教育	心理教师开展	多元评价系统
		六年级	责任与担当	级组开展活动	多元评价系统
	10月	五年级	情绪控制教育	心理教师开展	多元评价系统
		六年级	理想目标树立	级组开展活动	多元评价系统
	11月	五年级	感恩教育	级组开展活动	多元评价系统
		六年级	向往初中	级组开展活动	多元评价系统

第二章

自主教育实践探索

平沙实验小学高段（五年级至六年级）学生自主管理养成教育成长手册					
培养主题	时间	年级	培养内容	方式	主要评价方式
生命与情感、理想与责任	12月	五年级	生命至上教育	级组开展活动	多元评价系统
		六年级	畅谈理想	级组开展活动	多元评价系统
	3月	五年级	互相忍让、宽容教育	级组开展活动	多元评价系统
		六年级	感恩母校	级组开展活动	多元评价系统
	4月	五年级	自信教育	级组开展活动	多元评价系统
		六年级	回顾小学成长过程	级组开展活动	多元评价系统
	5月	五年级	处理负面情绪教育	心理教师开展	多元评价系统
		六年级	毕业典礼	校级开展活动	多元评价系统
	6月	五年级	感悟成长教育	级组开展活动	多元评价系统
		六年级	感恩教师	班级开展活动	多元评价系统

图2-1-19 良好的用餐秩序

图2-1-20 学生放学后自主排队候车和课间自主有秩序地接水

我的未来，我做主

随着学生自主管理意识的不断增强，自主管理能力的不断提升，在人生规划课程的引导下，在心理健康课程的启迪下，学生逐渐学会设计未来的发展之路。尽管还有些不足，但是已从心底发出强有力的声音：我的未来，我做主。

学校不仅积极地为学生搭建个性化的平台，开设了一系列社团兴趣班，以音乐、体育、美术、科学等其他学科的提高班为载体，学生根据自己的兴趣爱好报名参加学校开展的各类社团；同时，学校还积极引入优秀的社会资源，为学生提供优质服务，激励学生参加各类比赛，且均获得了优秀成绩。这样，学生的个性化发展得以施展，符合当下社会的教育潮流，也达到了学校提出的"自主管理"理念的目的。让学生着眼于未来，把握好当下，为以后的发展打好基础。与此同时，学生依照自己的个性特点、兴趣爱好，积极主动地挖掘潜能，施展特长，学会自己管理自己，自己教育自己，自己发现自己，掌握"学会做人，播撒爱心；学会学习，追求真知；学会健体，强健体魄；学会审美，增添情趣；学会劳动，服务社会"的基本技能，形成健康的个性、优良的品行，最终成为"我的未来，我做主"的高素质人才。

案例：

"我手写我心"逐梦100活动

2017年12月6日下午，珠海城市职业技术学院旅游管理学院组织志愿者前往平沙实验小学开展"逐梦100"系列活动5——"我手写我心"展览会。（图2-1-21）为加强两校学生间的交流，志愿者们在本期活动开展前已在两校范围内收集班干们关于工作经验交流的优秀书信，同时还安排平沙实验小学的同学们以"自我管理"为主题绘制手抄报。

前期在学校开展为期一个星期的"我手写我心"活动书信征集，最后收回书信170余份。

图2-1-21 "我手写我心"书信征集活动

航空梦想由此奠定

——记平沙实验小学学生参观航空科普展览

2017年12月18日，为响应《珠海市教育局关于开展2017—2018学年珠海市中小学生航空科普培训的通知》精神，平沙实验小学组织四年级全体师生去珠海机场参观爱飞客航空科普展览。（图2-1-22）

图2-1-22 参观航空科普展览

第二章 自主教育实践探索

青春新动力　科技创未来

2019年5月11日，珠海市第一届青少年（第二届中小学生）机器人大赛暨珠港澳青少年机器人横琴邀请赛在珠海市国际会展中心正式拉开序幕，平沙实验小学在此项比赛中获得十项殊荣。12月7日，第35届珠海市青少年科技创新大赛中，平沙实验小学共有5名学生带着他们的作品斩获佳绩。（图2-1-23）平沙实验小学还定期举办各种类社团活动，学生积极参与。（图2-1-24）

图2-1-23　青少年科技创新大赛活动

图2-1-24　各类社团活动

第二节　自主学习

学习时间，我做主

"一寸光阴一寸金，寸金难买寸光阴"，时间对于我们任何人来说都是非常宝贵的。对于学生更是如此，学生只有有效地管理和分配学习时间，才能提高学习效率。所以学生对学习时间的管理和安排也是体现其自主学习能力的一个重要因素。

一、充分利用课堂时间

许多教师都有这样的体验，凡是那些成绩优异的学生，无一例外的都是善于利用课堂时间的。学生每天的大部分时间是在学校度过的，因此课堂时间是学生最主要的学习时间。如果学生能够充分利用课堂时间，当堂就能理解、掌握教师所讲的内容，就等于抓住了学习的主动权，就可以取得最佳的学习效果。其实，教师在课堂上所讲的都是学生必须掌握的内容，也是考试常考的重点内容，只要掌握了这些知识点，应对考试基本上就不用发愁了。但是总有一些学生，白天上课不认真听讲，对教师的讲课不重视，晚上回家一个人偷偷地"加料"，看各种课外辅导书、做课外习题，每天都学到很晚，这样的学生，也许会算几道难题怪题，但抓不住教师讲的重点，所以总体成绩并不理想。

充分利用课堂学习时间，就要全神贯注地"投入"。（图2-2-1）上课的时候，学生全身心地投入课堂，认真听教师讲课，积极地思考教师提出的问题，做好课堂笔记，千万不要"身在曹营心在汉"。利用好课堂时间，掌握教师讲述的知识点，课后再稍加复习，就可以掌握这一天的学习内容了，这样才不会犯"捡了芝麻丢了西瓜"的错误。

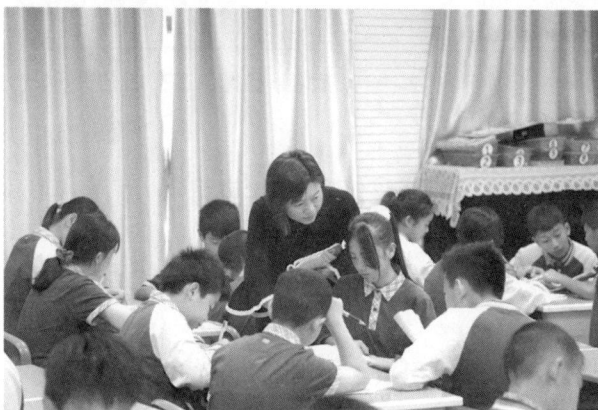

图2-2-1　课堂上认真听讲的学生

二、利用课余时间做好预习和复习

学生每天的课程并不多，但是每一节课开始之前教师都会布置预习任务，给出预习单。（图2-2-2）学生在课前做好预习，这样就对教师要讲的内容有一个大概的了解，接受起来就特别快，而且，上课时还可以对自己在预习时没有看懂的内容进行有针对性的学习。课后还要做好复习，即使上课全都听懂了，但学过的内容如果不加巩固，是很容易遗忘的。在课后一定要完成教师布置的作业，来巩固新学到的知识。

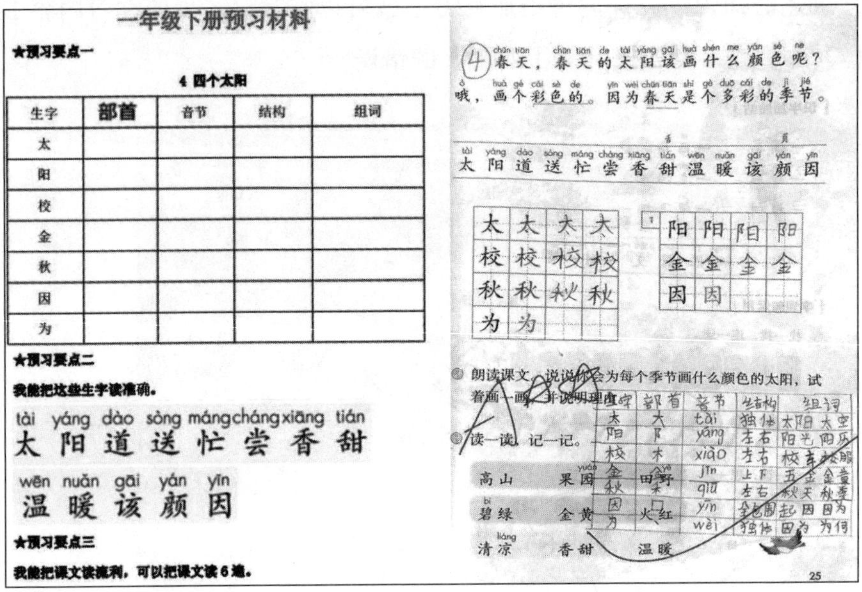

图2-2-2 对照预习单认真完成预习

三、对各个科目进行有针对性的学习

学习的科目越多，对各个科目的学习就更要合理地分配时间，以便进行有针对性的学习。

语文的学习需要不懈地积累。无论现代文的字词、语法、文学常识，还是文言文的字句，不仅需要花大量时间来积累整理，而且需要不断地练习和巩固，这样才能运用自如。因此，我们要求学生在每天晚上花二十分钟把课堂内容较快地浏览一遍，使所学内容得以巩固。除在平常花一定的时间进行学习外，学生还要在双休日花一定的时间进行阶段性的总结，以免遗忘。

英语是一门需要积累和经常复习的学科。学习英语要持之以恒，每天都要给英语学科安排一定的学习时间，学过的单词、短语要反复地朗读、书写，要记牢；每天要抽出二十分钟大声地朗诵课文，对于常用句型要熟记，能默写。日积月累，英语成绩就可以得到明显的提高。

学习数学则需要做大量的练习。要牢记每一个重要的公式、定理，每天都要花一定时间把教师上节课讲过的例题重新演算一遍，这样就了解了这一类型题目的解法。除此之外，课后还要做一定数量的习题。做题不要只图快，不图精。要弄清楚题目中的道理，知道该使用哪些知识点、哪些公式来解题；做题时应该周密思考，把思路拓展到其他同类型的题目上，达到举一反三、触类旁通的效果。做练习不能"三天打鱼，两天晒网"，只有坚持不懈地练习，才能使成绩有所提高。切忌在某几天突击做几道题就完事，这样只能是囫囵吞枣，欲速则不达。

四、在均衡的基础上，有目的地培养学生的专长

有的学生对所学的科目会有偏好。比如，男孩子常常更喜欢数学，女孩子则更喜欢语文、英语。这时，在均衡的基础上，我们要努力培养学生在某个科目上的专长。在时间、能力允许的前提下，对学生喜欢的科目，可以让他们多做一些练习，做一些有深度的课外题，这可以拓宽他们的知识面，让他们有成就感，促进他们的整体发展。（图2-2-3）

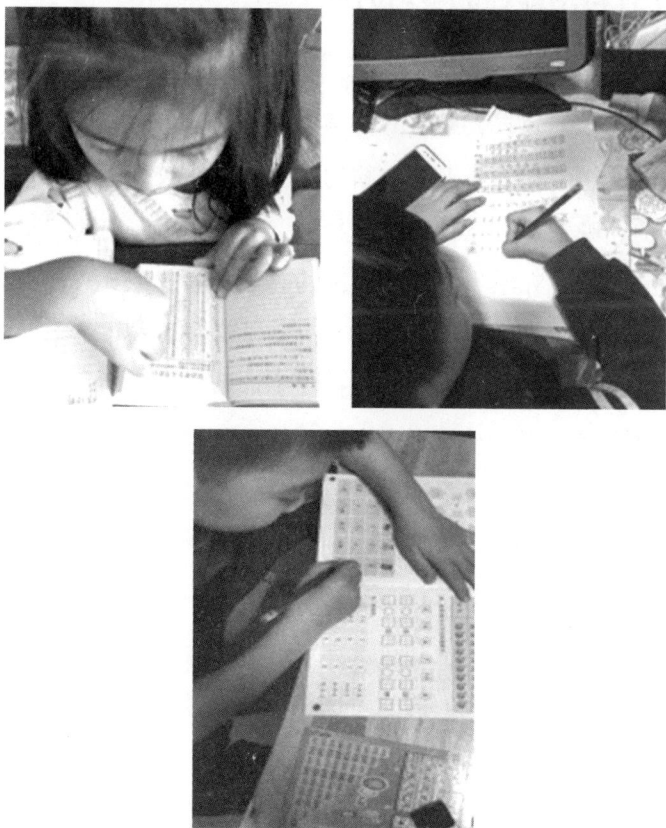

图2-2-3　认真做题的学生们

五、对学生的弱项多分配一些时间

学生偏科是让许多教师和家长都很头痛的一个问题。男生常常是语文、英语比较弱，女生则是数学比较弱。对于比较弱的科目，学生常常会产生一种畏难情绪，他们会有意回避对这些科目的练习，觉得反正自己学不好了，还不如学学那些自己特别感兴趣、成绩又好的科目。这样的学习方式显然是不对的，学生要想取得好的综合成绩，就必须均衡发展，对学生比较弱的科目，课后我们会和家长沟通，多安排一些时间来练习。家长还可以与学生一起寻找他们没有学好这些科目的原因，以便加以改进。学生每天下课以后，除要分配时间用来"消化"当天所学的知识，完成教师布置的学习任务以外，还要分配一定的时间来加强自己不擅长的科目的学习。

六、充分利用最佳的学习时间

一天有24小时，除去睡眠时间，人类大脑的活跃程度是不同的。为了让学生取得最好的学习效果，就要弄清学生的最佳学习时间。一般来说，早晨大脑具有最好的想象能力，上午大脑的接受能力比较好，下午大脑的周密思考能力最敏捷，晚上八九点钟记忆力最强，推理能力在白天12小时内逐渐减弱。根据这些规律，在学生早上刚起床的时候，由于想象力较为丰富，可以做一些记诵性的学习，如早读的时候背语文课文和英语单词；课前五分钟安排课代表领读；下午除听课外，要快速准确地做好当天的作业；晚上加强记忆和理解，预习第二天的功课；在中午、傍晚的空闲时间，可以安排一些娱乐和休息活动，如看报纸、看电视、散步和体育锻炼等。

学会牢牢抓住今天。为了充分地利用时间，学生还要学会"牢牢抓住今天"这一诀窍。抓住每一分、每一秒，不让时间白白流过。明天还没到来，昨日已过去，只有今天才有主动权。如果放弃了今天，就等于失去了明天，也就会一事无成。因此，我们的学习也在不断地进行，要学会安排和珍惜每分每秒的时光，使自己的学习更有效率，做时间的小主人！

学习目标，我做主

国内外的专家和学者不止一次地提出，小学生最适合培养优秀的学习习惯和方法，其中就包括制订小学生学习计划和目标的意识及能力，从小培养，对于中学的学习有莫大的好处，而走上社会之后，其成功的概率将至少高出80%。当然，计划还需要执行力，最好的锻炼时机就是小学。可见制订合理且可行的学习目标对于小学生来说是非常重要的。

小学学生近期、中期、远期学习培养目标："会运动、懂礼仪、善学习、能合作、惹人爱。"具体来说，平沙实验小学的主要做法是：科学规划，整体推进；机制保障，全员参与；学科对接，深层研究；活动展示，追求实效。

一、科学规划为引领，整体推进学习目标

"会运动、懂礼仪、善学习、能合作、惹人爱"是顺应时代发展要求提出的新的人才标准，它充分体现了与时代发展、个体生命价值实现相协调的价值取向。为了实现这一目标，我们将它慎重地写入了学校发展规划中。而学校教学、教育、后勤等方面都围绕学校的规划发展目标来制定。"会运动、懂礼仪、善学习、能合作、惹人爱"的培养目标就这样"浸"在学校的每份计划里，"浸"在学校的每份制度里，"润"在每个学科里，"润"在每一节课中，渗透在我们学校教育的方方面面。

二、完善机制为保障，全员参与敲定目标

学习目标必须通过课程来实现，学校的一切教育活动都是课程。如何在学科教学中加强德育，渗透"会运动、懂礼仪、善学习、能合作、惹人爱"的培养目标，对大多数教师是一个抽象的问题——听起来很简单，做起来不简单，因此学校在机制方面给予了充分的保障。

首先，在理论上给予指导。借着学科德育基地建设这股东风，平沙实验小学成立了思政科组，教师团队由学校德育领导、青年骨干教师组成。这些教师通过参加学科德育中心组学习，把先进的理念带回来。同时，请教育界

的名师来学校做报告，开阔教师们的眼界；聘请教育界的名家担任中青年骨干教师的导师，言传身教，迅速提高教师的教学水平和个人修养；成立学习共同体、青蓝工程等，保证每学期的读书会顺利开展，组织教师们就教育热点问题和学校发展问题展开讨论，进行思想交锋，激情碰撞，互相启迪。

其次，在制度上给予引领。以学习实践科学发展观为契机，完善各项规章制度。一是重新修订了优秀集体和优秀个人的评价标准，把"会运动、懂礼仪、善学习、能合作、惹人爱"培养目标的落实和达成纳入评价体系。二是完善教师考核制度。比如，班主任考核细则、课堂教学评价表、优秀教研组、文明班级的评选等，都把是否落实培养目标作为一项考核内容。三是加大监督力度。比如，体育锻炼课，教师的到岗问题，活动过程的组织和开展情况，学校应有专人检查。学校还通过听推门课、随堂课、交流课等方式检查学习培养目标在课堂教学中的落实情况。

最后，在评价上给予激励。学校每年都会进行德育论文或案例的评选交流活动，通过表彰优秀论文获得者，激发教师的工作热情。每学期末，学校还会评选、表彰对"会运动、懂礼仪、善学习、能合作、惹人爱"培养目标贯彻落实较好的特色班级和特色教师，并通过经验交流的方式起到辐射和示范引领作用。

三、学科对接为抓手，深层研究学习目标

学习目标细化、量化，并与学科接轨。比如，我们把学习目标的培养按照六个年级分别制定了不同的目标要求，见表2-2-1。

表2-2-1　各个年级的学习目标

年级	学习目标
一年级	• 带齐学习用品，按时上学，有事请假，放学及时回家，不在外逗留； • 掌握读写姿势，书写端正； • 爱护学习用品，书本、作业本整洁，不折角； • 遵守课堂纪律，了解课堂常规，发言先举手； • 按时完成作业，有错及时改正； • 学会专心听讲，积极发言； • 初步养成独立思考习惯，树立自信心，敢于尝试

年级	学习目标
二年级	• 热爱学习，不懂就问，乐意与同学合作； • 认真听讲，善于思考，积极发言，声音响亮； • 独立、按时完成作业，有错及时改正； • 独立思考，树立自信，敢于尝试
三年级	• 专心听讲，肯动脑筋，主动学习，珍惜时间； • 独立完成作业，养成自查习惯； • 合理安排时间，有自己的兴趣爱好； • 课外阅读有益读物，学会收集材料，获取简单信息； • 独立思考，个性鲜明，敢于质疑
四年级	• 自觉及时准备好学习用品，并能督促他人； • 课前主动预习，并有预习笔记，读通课文，认识生字； • 认真及时、高质量地完成作业； • 上课专心听讲，大胆发言，不懂就问，回答问题声音响亮； • 学会倾听，学会反思； • 课后认真复习，按时完成作业，书写工整，独立快速，卷面洁净； • 个性鲜明，初步培养兴趣，乐于质疑
五年级	• 自觉遵守课堂纪律，专心听讲，积极动脑，勇于发表个人独特见解； • 课前预习功课，勤查资料，阅读课外读物； • 课后复习知识，并学会举一反三； • 及时、准确、快速地完成作业，会一题多解； • 合理安排课余时间，有一定的兴趣爱好，使兴趣逐步稳定； • 个性鲜明，独立思考，大胆质疑
六年级	• 上课专心听讲，认真思考，积极发言； • 课前预习知识，不明白的问题提前做好标记； • 勤于思考，敢于质疑，与人交流，不怕说错； • 乐于读书，愿意和书交朋友，养成阅读的好习惯； • 坚持每日不少于三十分钟的课外阅读，并能写出读书笔记； • 对收集的各种资料能进行分析、归类、整合

　　另外，平沙实验小学注重挖掘小学科育人潜力，建设拓展型校本课程。比如，体育课，如何培养学生的运动能力和合作能力；音乐课，如何培养学生的鉴赏能力和欣赏礼仪；美术课，如何培养学生的文化素养和动手能力；科学课，如何培养学生合作和探究的能力；等等。同时，我们还能通过教师自主开发、教研组内联合开发、跨教研组合作开发与学校主导开发等形式大力拓展校本课程，使培养目标更加显性、具体。（图2-2-4）

第二章 自主教育实践探索

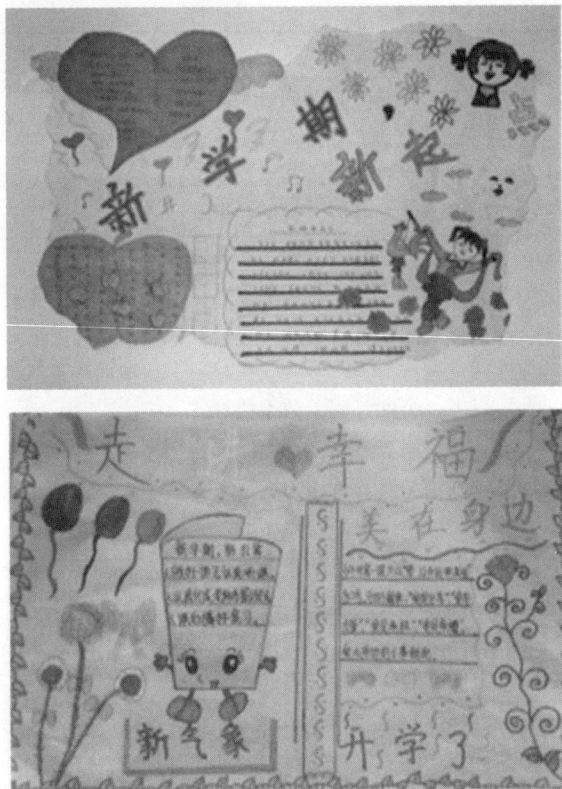

图2-2-4　新学期学生的手抄报

四、活动展示为平台，充分落实推进目标

对于小学生来说，寓教于乐的教育活动更能启迪他们的心智，陶冶他们的情操。（图2-2-5）因此，教师应充分利用校内外的教育设施和文化资源，以各种活动为载体，力争获得最佳的育人效果。第一，学生社团活动是锻炼学生的基地。平沙实验小学开设学生社团十多个，包括足球、合唱、舞蹈、羽毛球、文学社等，学生在这里学到的是学科外的知识，大大开阔了学生的视野、拓宽了学生的生活领域，培养了学生各方面的能力。第二，校园体育节、艺术节是展示学生风采的舞台。第三，社会实践活动（福利院探访活动、红军基地参观学习等）是"会运动、懂礼仪、善学习、能合作、惹人爱"培养目标的延伸和拓展。这三个方面活动的开展，有力地促进了学科德育的发展与深入，同时增强了"学习目标"的实效性、生活性和灵活性。

图2-2-5　寓教于乐的教育活动

　　充分发挥学科德育的主渠道作用，并协同社团、社会实践活动，学生才能会运动、懂礼仪、善学习、能合作，最终成为一名惹人爱的学生。

　　我们将继续以"会运动、懂礼仪、善学习、能合作、惹人爱"为努力方向，不断优化学校工作，在继承中发展，在发展中创新，在创新中提升。我们坚信，长此以往，"会运动、懂礼仪、善学习、能合作、惹人爱"的学生就会在我们的共同努力下健康成长。

学习计划，我做主

　　学习是一个漫长的过程，要有目标，有了目标，我们才能够勇往直前。如何实现目标，就需要制订具体、详细的学习计划。这样，我们的目的就更加明确，从而让我们有奋斗的动力。

一、什么是学习计划

学习计划，顾名思义，就是在学习上的计划，是一种具体、详细的做法，是学习的路径。《礼记·中庸》中记载："凡事预则立，不预则废。"计划很重要，计划是我们达到目标的桥梁。做任何事情，事前有准备成功的概率就大一些，而没有准备失败的概率就大一些；说话先有准备，就不会理屈词穷、站不住脚；行事前先计划，就不会发生错误或后悔的事。

一天中，学生的大多数时间是在学校度过的。每天有早读、早操，要上课，看似忙碌的校园生活，其实很充实。一个奋发向上的学生，会有非常详细的学习计划，一整天下来，收获很多。这个学习计划，从小到大，从易到难，非常明了。

二、制订学习计划前的准备

首先目的要明确，知道自己要做什么，做好充分准备。习惯的养成，从一年级开始，目标是做到自主管理。

1. 知道自己要做什么

对于学生来说，一天当中，可以做的事情太多。每天的时间都是固定的，要想有收获，必须做好计划，并严格地按照计划执行。校园学习生活包括早读、午读、上课，以及午休时段的自习等。

（1）早读、午读

早上学生来到学校的第一件事情就是早读。我们发现，总是有很积极的学生，他们的琅琅读书声充满整个校园。这就是榜样！入校即静，入室即读，希望每个学生都能自觉做到，从不会到会，这就是努力的过程。

班级里可以安排积极朗读的学生作为小管理员，每天督促进到教室的学生拿出书本早读，形成良好的氛围，久而久之，就能够做到入室即读。

对于个人来说，也要制订好学习计划。从进入教室开始，先把东西收拾好，交作业，再拿出书本早读。时间是个问题，要培养快速整理好东西的习惯。看似很小的事情，一件件做好，就是大的收获。

（2）上课

早读之后，就是上午的第一节课了。每天，上课的时间最多，怎样上课，既是学生最需要学习的地方，也是习惯养成最好的时间段。

首先，保持良好的坐姿。对于刚入学的学生来说，要求坐端正40分钟是不切实际的。慢慢来，对于坐得好的学生，教师要及时鼓励，强化这种行为；对于坐不住的学生，教师也要适当表扬，降低期望值，不急于求成。渐渐地，学生就知道该怎么做了，并朝着自主管理的方向前进。

其次，要学会倾听。我们采用的上课形式为班级授课制，由教师讲授。学生作为学习的主体，要尽快学会倾听，听教师讲课，听同学发言，不随便插话。在听的过程中，要积极开动脑筋，每个环节都要紧跟教师的步伐。教师、同学讲的时候，认真倾听；围绕课文做游戏的时候，也要行动起来，这往往就是课堂中放松的时刻，边玩边巩固，一举两得！

最后，要敢于积极举手发言。要求学生给自己定一个目标——每节课上至少发言一次，这才是跟着教师走的最佳方法。在这个过程中，包括听、思考、行动等方面。听了之后，才知道问题是什么；思考之后，在脑海里初步得出结论；行动，即发言，是把脑海里的碎片组织成语言，用自己的话说出来。课堂本是大家一起探讨的，要敢于发言，这样才能更好地找出自己的不足与优势。做到积极发言之后，要注意站姿笔直、声音洪亮。努力之后，收获的是那个用心的自己。

（3）午休时段的自习

午休时段，是连接上午和下午学习的关键时间。我们要合理利用午休时段，安排午读、做作业、睡觉。午休有2小时，那么，如何利用起来，是很重要的。利用好了，知识得到巩固，下午上课有精神。跟上课不同的是，这时需要学生有更大的自觉性。我们要求学生给自己定一个可行的目标，做到之后再实现下一个目标。从午读开始，铃声响后进入课室，拿出书本，这是第一步。要相信，只要想做，就能做到。

2. 知道自己的优势和不足

每个人都有自己的闪光点和不足之处，要善于发现。有的同学善于观察，能知道自己的特点。有的同学需要在他人的指引下，发现自己的优缺点。有的同学缺乏自信，认为自己什么事都做不好……

我们只有知道自己的优势和不足，才能制订出具体可行的计划，然后朝着自己最需要改正的方向，踏实、有计划地落实。缺点并不可怕，只要我们敢于克服。

（1）大计划、小计划

所谓大计划，就是一个学期结束，自己想要达到什么效果；小计划又分为月计划、周计划、日计划等。也就是说，我们先要有一个总体目标。比如，一年级的学生，一个学期要掌握200～400个生字；四年级的学生，一个学期要学会1～2种写作方法等。有了总体目标之后，再分解成一个个小的目标，就可以列出每日、每周要做的事情。

要做的事情有很多，一天的时间就这么长，那么怎样安排呢？可以具体到每个小时，这个小时内就专注做好1～2件事，一天下来，充实而美好。

（2）了解自己的学习状况

怎样了解自己的学习状况呢？这在很多学生看来是很困难的，因为他们定位不清，对自己的知识掌握程度不了解。这时候，学生就可以翻看自己每次小测、单元检测等分数等级，找出已经掌握和未掌握的知识。对于未掌握的知识，有时候学生会误以为是"粗心"惹的祸。其实不然，要看看自己是不是只错一两次，还是每次都错。如果是后者，那就不是简单的"粗心"了，那是因为自己对这个知识点还不够明白，需要进一步加强。

如果真的只是错一两次，那就需要思考，为什么自己这么粗心，是没看懂题目，还是心急导致的？对与错的背后，都有它的原因，要正视自我、直面困难，找到真正的原因。

（3）调整好心态

心态很重要，教育学生要保持一颗平常心。相信一分耕耘，一分收获，只有努力耕种，才能收获硕果。千万记得，每做一件事，都要在自己的能力范围内。切忌空口说瞎话，说出的话要配合行动，才可以实现目标。这就是良好的心态，要从容不迫。

三、制订学习计划

有了上述准备之后，就要开始制订学习计划了。学生可以设计自己喜欢的形式，如日程表、图文结合等。学习计划一定要根据学生的实际情况制订，尽可能具体，要合理安排时间，做到劳逸结合。（图2-2-6）学习计划可以这样做：

7：00　起床

7：15　吃早餐

7：40　早读

……

具体到哪一个时段做什么。相信在这样的计划下，学生做事不再盲目，而是有条不紊地开展。接着就可以一步一步地按照计划实施了。

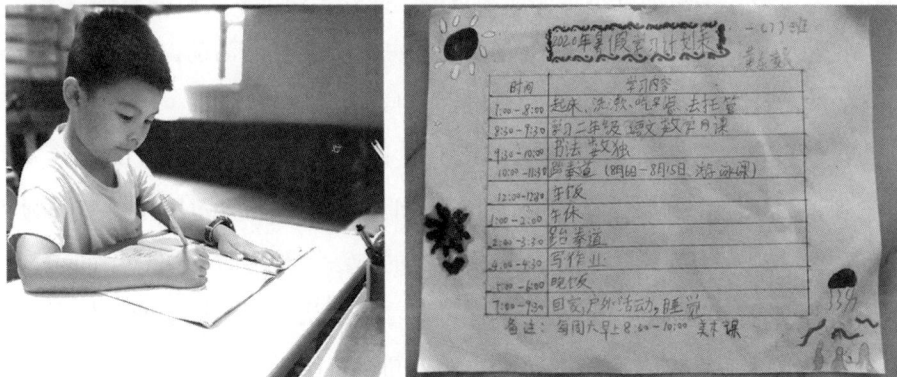

图2-2-6　根据自己的情况制订学习计划

四、后期激励措施

学习是有趣的，但一不小心可能会陷入迷茫状态。那怎么办呢？我们可以充分发挥集体的力量。首先，我们要让学生意识到，学习是自己的事情，这样才会有动力。其次，大家一起参与进来，相互监督。每个人准备一个本子，记录每天的成长，哪些事情做到了，哪些方面需要改进。可以让他人帮忙记录，有时候他人看到的，可能跟自己感觉到的不一样，我们要善于听取他人的建议与意见。监督者要公平公正，善于发现他人的优点。

激励措施的益处就是，能让学生更好地认识自己，了解自己，让学习变得更有乐趣。

五、教师的引导

教师的引导尤其重要！每一个来读书的学生都是一张白纸，需要在教师的引领下，描绘出属于自己的欢乐小天地。特别是班主任，需要带领学生营造一个良好的班集体，有积极的学习氛围，还要跟学生一同制订目标，大家要朝着这个目标出发。对于刚入学的学生来说，他们的特点之一就是善于模仿。当学生看到每一天都有很多人在做着重复的、能够使人进步的事情，他们也会模仿，慢慢地就会有一套自己的学习方式。

根据不同学生的表现与能力，把他们分配到各个岗位，让每个同学都有事做，适合做。学生的进步是循序渐进的，只要坚持下去，就能看到成果。

我们还可以利用每周的班会课，开展一些有意义的活动，如请学生分享自己的学习计划，并提出建议，其他同学可以参考。

在学校里，我们花时间最多的就是上课。看似很简单的上课，其实可以学到很多东西。例如，在语文课上，课前的预习和上课过程中的步骤显得尤其重要。观察力强的学生，会知道其中的方法，预习时要注意字词句，初步找出自己难以理解的问题，上课时会带着问题认真听。接受能力较弱的学生，就需要教师给出明确的指导，让学生知道自己正在做什么，并"消化"成自己的东西。又如，数学课会有很多公式、很多规律，这个时候就要训练学生的整理、分析能力，同样也是带着问题听课……

学习环境，我做主

学习环境，简单来说，就是我们学习的外部环境，又分为集体学习环境和个人学习环境。集体学习环境即课室。这是大家一起打造的，包括卫生环境、班级文化布置等。从更小的层面来说，就是自己的座位周围。

学习环境很重要，一个良好的环境，无论是个人的小天地，还是集体的大空间，都能陶冶学生情操，净化学生心灵，激励学生勤奋努力、积极向上、健康成长。

一、校园学习环境

（一）校园大环境

校园，是学生时代离不开的地方。校园就像家一样，每天进进出出。校园也像小小的乐园，在这里，充满欢声笑语，如琅琅的读书声、学生们玩耍的声音，以及鸟儿和绿树的说话声。

校园的美丽离不开大家的努力付出。校园是我们学习的地方，校园环境的打造，是师生共同完成的。

校园里有美丽的操场、红红的跑道、绿绿的草地，奔跑于其上，是一种享受！美术课时，可以来这里写生；体育课时，在这里挥洒青春汗水。爱护跑道、草地是我们的责任，不随意涂画、毁坏，维护好这些设施，让我们的学校生活更精彩！

除在课室学习之外，学生还可以前往学校的图书阅览室。一排排整齐、有序的书架，看着就令人精神振奋！书本都按照编号分门别类地摆放，查找到编号就很容易把想看的书找出来！需要注意的是，这里的书是大家的，我们要小心呵护，不折角、不乱画，让书本永远美丽！

教学楼旁的展示长廊，我们可以看到开展过的校园活动及各个学科的精彩呈现，展现师生的动人风采。总之，我们要爱护校园环境，垃圾扔到垃圾桶里，涂画便到图画本里画……用自己的行动，守护美丽校园！（图2-2-7）

图2-2-7　美丽的校园环境局部图

（二）班级学习环境

校园是我们的大家庭，班级就是我们的小家庭。每个班级的学生都是这个小家庭的小主人，班级环境靠的就是我们这些可爱的小主人，科任教师则像家长那样，陪伴着学生共同学习、共同进步。（图2-2-8）在这里，有黑板、电子白板、投影等设备，我们更要小心维护。

图2-2-8　良好的班级学习环境

1. 学会自己收拾东西

一进课室，一眼望去，最多的就是课桌椅。我们要求学生学会收拾东西，把暂时无用的课本作业本等放进抽屉里，只将需要用的学习用品整齐地摆放在桌子上。这样，才能更好地学习。刚入学的学生，就要学习如何收拾。大一点的孩子，如果桌面上的学习用品总是随意堆放，连写字的地方都没有，那就需要好好反省，为什么还没有养成整齐有序地摆放东西的习惯？这也需要安排到计划里，把还没有养成的良好习惯，一点一滴做到位。

2. 做一个讲卫生的小学生

卫生环境也是影响学习的因素之一。我们要求学生慢慢养成讲卫生的好习惯。干净整洁的环境，会让学生更有动力学习。养成习惯之后，学生自然而然便会做了，不需要刻意地去控制自己，这就是自主。

3. 个人的力量加在一起，就是集体的力量

一个良好的班集体，离不开个人的努力。这个过程，需要每一个人长期坚持，不断地学习。打造一个优秀的班集体，并不容易。只有意识到自己是集体中的一员，才能更好地为班集体做贡献。而为集体做贡献，不是说事情越大越好，而是一点一滴地从小事做起。例如：

（1）小书桌，整理好；

（2）个人旁，没垃圾；

（3）班级内，拾纸片；

（4）橡皮碎，不掉地，讲卫生，我能行；

（5）黑白板，投影仪，小心用，维护好；

（6）黑板报，积极做，图书角，整齐放；

（7）小绿植，我浇水，爱生命，享和谐，课室美，我功劳。

（三）家庭学习环境

除创造良好的校园学习环境之外，还要创造舒适的家庭学习环境。离开学校，学生回到家里，看到整洁的家，一切摆设整齐有序，一定会感觉到很温馨。是的，整洁温馨的家，能让我们暂时放松，以便养精蓄锐地迎接新的挑战。学生是家庭的小主人，要学会收拾房间。尤其是自己的小天地，干净整洁又温馨，在这里学习、休息，多么惬意！

1. 学会做家里的主人

每天回到家里，吃着香喷喷的饭菜；做完作业后，家里人会端上一碟瓜果……我们提醒学生在享受这样美好的时光时，要记得自己也是家里的小主人，要学着做点什么，让家成为学习的乐园。比如，把家里的脏衣服收在篮子里，准备洗干净；把干净的衣服叠好放进衣柜里；每天起床时，把床铺整理好。

2. 我的天地我收拾

每个小朋友都有自己的房间，睡觉在这里，学习在这里，有的小朋友可能还有自己的小书房。"我的学习环境，我做主。""我喜欢这样的房间，我要把我喜欢的文具放在这里，我喜欢……"对了，别忘了告诉家里人自己的想法，大家一起商量，还可以按照自己的想法布置房间，具体步骤如下。

首先，要把东西收拾整齐。床铺整理好，书本整齐有序地放一边，书本旁边放上自己喜欢的文具盒……这是第一步。

其次，把一些暂时不需要用到的东西放进抽屉、柜子里，要记得放在哪里，用完之后及时放回原位。

最后，可以布置一下房间里的摆设。例如，把自己喜欢的精美闹钟放在书桌上。又如，把一张全家福放在书架上。自己动手布置一间自己喜欢的房间吧，这样学习起来都是愉快的。

良好的学习情绪很重要！调整好自己的心态，静下心来，开开心心地学习吧！

学习环境好了，学习起来自然得心应手。在这个过程中，学生学会的就是自主整理。

学习心态，我做主

韩愈指出："业精于勤，荒于嬉。行成于思，毁于随。"

不同的学习心态会带来不同的学习效果，甚至会影响学生的人生道路。

因此，培养学生热爱学习、自主学习、积极向上的学习心态十分重要。

一、变"让我学"为"我要学"

学习心态不好，学生认为学习是为了让家长和教师高兴，是家长和教师"逼"自己去学习的。因此，首先要让学生明白，学习不是为了家长和教师，而是为了自己。

为此，教师可以举办一系列主题班会。

班会1：大梦想家

让学生课前了解父母的职业和社会上的其他职业，在课上分享，并谈谈自己喜欢的工作，填写心愿卡。

小组讨论：你认为应该怎样实现自己的梦想？引导学生发现，要实现梦想，需要学习大量的文化知识。

班会2：智慧花园

课堂上请学生表演故事《铁杵成针》。

小组讨论：是什么改变了李白？你从中得到了什么启示？分享自己收集的关于学习态度的名人警句。

学期伊始，学生就着手制作"智慧花园"活动图册（图2-2-9）。当天认真学习，完成了一次作业，就画一片叶子，当天完成三科作业就画三片叶子；每长十片叶子就开一朵花；一次测试结一次果：优秀是大西瓜，良好是苹果，不及格是柠檬；每月评一次最佳"园丁"，举办隆重的颁奖典礼，欣赏"花繁叶茂、硕果累累"的"美景"，从中明白"一分耕耘，一分收获"的道理。此外，类似的直观化的活动还有很多，如做书签、写座右铭等。

在"智慧花园"活动中，学生将自己的学习心态可视化，鲜明直观地感受不同学习心态带来的不同效果。主题班会和主题活动必须根据自己的班级特色来设计，要符合学生的年龄及性格特点和具体班级的实际情况。

图2-2-9 "智慧花园"活动图册

二、变"我要学"为"我爱学"

学生即使明白了学习是为了自己，也不代表他们乐于学习、热爱学习。由于学生注意力难以集中，过不了多久，学生就会松懈走神，甚至毫不在乎，陷入倦怠期。

不爱学习最常见的原因有三类：一是嫌作业多，怕吃苦；二是觉得学习枯燥无趣；三是学习成绩差，学生觉得学习太难，没有成就感。

因此，教师要对症下药，根据不同的原因设计不同的教育教学策略。

对第一类，教师应该分层设计作业，避免"填鸭式"教学和题海战术，要控制作业时间。同时，作业的形式也应该多样化。以语文学科为例，除了抄写，还可以是做手抄报、画说古诗、话写古诗、把故事改成四格漫画等。

对第二类，教师要重点激发学生的学习兴趣，使教学设计、作业布置趣味化。对于有些学习困难的学生，虽然学习成绩不好，但喜欢玩游戏，教师可以用游戏的方式给他们设计作业，尤其是低年级的学生，如把一年级暑假作业改编成寻宝游戏，将拼音字母设计成可以连一连的动物图片、迷宫；中年级在九宫格填写古诗的诗句、成语接龙等；高年级可以玩诗歌飞花令。又如，有些学生不会写作文，不愿意写作文，可以改为做小实验，拍视频说一说实验过程，然后再把自己说的话写下来，这个时候写作对于他们来说就十分有意思。三年级学生，平常的作文只能写三五句话，但这篇关于实验的作文能写三四百字。

对第三类，首先，对这类学生要降低要求，以鼓励为主，给他们设计一些简单的学习任务，循序渐进，不可急于求成。其次，启动结对子学习活动。最后，可以采取"学生授课"的方式，鼓励学生走到台前，勇敢表达自己。在表达交流中，让学生体会到被关注、被赞美的快乐。

适当将一些"特权"交给学生，可以增强学生的自信心，培养学生自主学习的能力，锻炼学生自主管理的能力。例如，学生当"小教师"讲课文、学生出练习题、小组合作布置一项作业等。学生在当"小教师"讲课文的时候，一定要充分地提前预习，熟读课文；学生在出练习题的过程中，需要熟悉考点，突破重点、难点；在布置作业的过程中，学生要根据自己的学习情况布置适当的作业，不会过难。最重要的是，学生能深刻地认识到自己是学习的主体，做学习的主动者。

三、变"我爱学"为"我会学"

"光说不练假把式。"对于学习，单是口头的"爱"还不够，要行动起来。激发学生主观能动性后，还要制订切实可行的行动策略，培养学生积极向上的学习心态。

1. 循序渐进

学习是需要终生坚持的，不可能一蹴而就。

首先，学生要振作精神，摆正学习心态，学会安排时间，明确学习目标，制订适合自己的学习计划。其次，学生在笔记本上写下以下问题并回答：每学期的总目标是什么？每个学科自己的优缺点是什么？每个月的目标是什么？为此，每周应该怎么学习？每一天该完成哪些小任务？再次，制订个性化的学习计划，可以图文并茂，也可以列表格。最后，按照计划执行落实，每天实现一个小目标，每天进步一点点。学生需明白，学习要循序渐进，不急躁，不拖沓，一步一个脚印。

2. 贵在坚持

学习心态应该积极向上，愿意为学习下苦功。

古人云："书山有路勤为径，学海无涯苦作舟。"毛泽东也提醒莘莘学子："我们要振作精神，下苦功学习。下苦功，三个字，一个叫下，一个叫苦，一个叫功，一定要振作精神，下苦功。"学习贵在坚持，不可"三天打鱼，两天晒网"。

学生自己可以在每一个阶段实现了一个小目标后，适当给自己一些奖励。

教师可以举办"王者荣耀"活动。首先，教师让学生选一两个自己喜欢的历史人物，把该人物作为自己的精神偶像，向他们学习。其次，根据学生在学习中的表现进行打分。学生可以在班里每天展示自己的学习段位，是青铜还是王者。最后，进行阶段性的奖励。学生相互竞争，相互鼓励，向学习王者不断努力，不断挑战，这样才能不断进步。

"行百步者半九十。"坚持到最后才是胜利。学习必须持之以恒，学生要树立终身学习的观念，活到老，学到老。

3. 劳逸结合

有些学生会因为学习成绩的一时不如意而心灰意冷，这就需要学生摆正学习心态，不因一次考试的失利而否定自己。学生要正确认识考试不过是对部分知识的检查，重要的是查漏补缺。

教师应该通过主题班会和特色活动，教学生学会正确地处理不良情绪、调整心态的具体方法。

教师可以设置班级树洞，通过私密交流，及时了解学生的心理健康状况。

鼓励学生发展学习之外的兴趣爱好，如运动、唱歌、画画、舞蹈、练字、手工等。（图2-2-10）学生要做到劳逸结合，通过课余活动，在紧张的学习中找到调整心态、宣泄不良情绪的方法。

图2-2-10 各式各样的手工活动图

4. 始于足下

"千里之行，始于足下"，好的开始就是成功的一半。有些同学一开始懒了，学习差了，就破罐子破摔，自己放弃了自己的未来。学习成绩一时落后没关系，现在开始努力还来得及。

学习成绩差，要么是因为基础没打好，要么是因为学习习惯没有养成。

对于前者，可以通过结对子帮扶、日积月累等方式方法来补基础。学生应重点抓基础，听写简单的生字生词，抄写短语、句子，反复背诵课文、乘法口诀表、公式、法则等。

对于后者，学生应准备语文笔记本，养成课前积极预习、课中认真听讲、课后巩固复习的良好学习习惯。课前预习，给生字组词。课堂上做笔记，在不懂的地方打问号。不懂就问，向同学、教师请教，或者自行查阅资料。课后要多读多背多抄写，在专门的笔记本上听写、记录复习题或者错题等。

屈原说："路漫漫其修远分，吾将上下而求索。"人生的路很长很长，成功的定义不是一次考试的第一名，而是健康乐观、积极向上的心态。学习不怕晚，只要迈出了努力学习的第一步，就是成功的开始。

学生是学习的主人，只要学会调整学习心态，热爱学习、自主学习、积极向上，就是一名优秀的学生。不忘初心，方得始终。无论最后结果如何，我们都能无悔无愧，受益终生。

学习方法，我做主

一、利用网络，云端学习

在家自主学习，网络成为我们接触世界最佳的窗口。合理利用网络，进行云端学习，是学生自主学习的重要方法。

我们每天多花3小时，准备网络直播课程。学校使用"腾讯会议"进行网络课堂直播，主要进行主题班会和语文复习。

在主题班会方面，作为班主任，应结合时事热点和学校的德育主题，在网络上搜集相关的视频、新闻等资料，制定班会主题，如"清明节致敬英烈""国家安全日专题教育""预防性侵""森林防火"等。

我们先在班级里示范网络直播上课两周，并培训班干部，让学生和家长熟悉网络直播课。考虑到学生和家长的作息的差异性，网络直播课以自愿为原则。

秉持"自我管理、自主学习"的教学理念，我们还对班干部进行了专门的培训。在确定直播主题后，教师联系班干部，向班干部先讲解网络会议或者网络教学的中心内容、操作流程、直播措辞、休息事项、时间控制等。班干部直播前，在家长群发出预告通知。班干部正式直播时，教师全程陪同，但尽量不出声，不发言，让班干部主持，在学生表现精彩时点赞评价。直播后，主持人在班级的微信群里分享今天的主要学习内容，没能及时参加直播课的同学可以根据主持人的分享，自主安排时间学习。

由班长主持的班会课，也都顺利进行。读"扫黄打非"童谣，学习保护知识产权。对如何"扫黄打非"，学生们各抒己见。有几个学生还大大方方地教同学们怎么检查身边有没有隐形摄像头，俨然是一个个成熟的小大人。

语文复习课的主要内容是课本同步朗读、听写、背诵和课外拓展等。语文复习课最初也是由教师来主持，后来交给两名语文课代表负责。其中一名负责早读，另一名负责晚读，先带领同学们读二十分钟书，再听写五个词语。同学们把听写作业发到微信群后，她们又一一评阅，并给出学习建议。

网络直播这种合作学习的方法深受学生的欢迎。学生从苦闷的居家中得到一个群体交际的机会，锻炼了自己的口语交际能力、组织能力、自主管理能力和自主学习能力等。

二、自主管理，科学学习

学习方法还有很多。对于语文学科，具体来说，学生们必须树立学习主体的意识，掌握科学的学习方法。

1. 安排时间，制订科学的学习计划

开学之初，学生根据课程表和自己的作息规律，自主安排自学的时间，制订个性化的学习计划表。计划包括早读、晚读、听写、三大主科的学习、课外阅读等。学生也可以适当安排休息、休闲、运动的时间。

平沙实验小学中午有走读生和午托生。12：00—14：00为午托时间；12：00—12：20为午读时间，13：00以前为写作业时间，13：10—13：45为午休时间，13：45—14：00为练字时间。

细致合理的时间分配，既可以帮助学生养成合理分配时间、自主学习的好习惯，又可以帮助学生高效利用时间，提高学习效率。

2. 学会预习，在整体感知中发现问题

提前预习，了解新知识的整体内容，在整体感知中发现问题，发现障碍，为课堂扫清障碍做好"热身准备"。例如，语文学科，读三遍课文，圈出生字、生词，查字典、词典认识难懂的字词，标自然段，在读不通、读不懂的地方打问号，思考课后习题。在预习过程中，还可以写下自己想知道的问题，最后整理成预习笔记。

3. 利用课堂，认真思考并做好笔记

俗话说："好记性不如烂笔头。"课堂上需要攻破重点、难点，学生需要集中精神去思考，理解新知识。做笔记可以帮助学生加深记忆，在课后进行反刍、复习，正所谓温故而知新。（图2-2-11）

图2-2-11　利用手抄报温故知新

笔记可以分为两种，一种是写在书本上，另一种是写在专门的笔记本上。笔记可以是一个重要的句子、标注符号，也可以是思维导图、结构图。

标注符号可用于标注关键词、句、段，方便快速记忆和查找。这种适宜直接写在书本上。学生通过圈、点、画等方式，标出课文中难理解的生字、生词，关键词语，重点句子，在书本空白处，还可以写批注，写一写自己的理解和体会。

图表类笔记可以写在书本上，也可以写在笔记本上。思维导图可以帮助学生抓住关键点来记忆重点内容。结构图可以帮助学生把握知识的结构和框架。学生通过画思维导图、结构图可以梳理知识点，深化记忆，深入理解新知识，构建知识网络。在此过程中，学生不仅能锻炼思维能力，还能提高自学能力。专门的笔记本方便学生查找、复习。富有创意的个性化图表可以触及学生内心深处，提高学生的语文素养。

语文学科的特色笔记还包括每天的积累，摘抄好词、好句、好段。长期坚持，最后才可以达到厚积薄发的效果。

4. 选择环境，平静中专心致志地学习

小学生因为年龄特点，注意力集中的时间不长，一般是二十分钟左右。

在学习过程中，安静的学习环境对学生集中注意力有很大的帮助。因此，无论在家中还是在学校，都要为学生营造安静的学习环境。

在学校，学生要加强纪律意识。在教室，学生要做到"入室即静、入座即学"。自控能力差的学生，可以在桌子上张贴自我提醒的座右铭。在家要选择专门的书房和专门用于学习的时间段。桌子上，文具需要摆放整齐，不要摆放与学习无关的东西。

三、趣味学习，多样方法

趣味性强、因人而异的学习方法能使学习效率最大化。

1. 根据感知模式选择最适合自己的学习方法

人获得信息的感官有视觉、听觉、味觉、嗅觉和触觉。婴幼儿用嘴巴和手来感知世界，少儿阶段主要通过视觉、听觉来感知世界。因此低年级学生应多通过动作、表演来识记、理解，如制作生字卡片、编童谣、读儿歌、看视频等。有些学生不能通过阅读识字，但能通过吟诵古诗、唱英文歌等方式来记忆。中年级的学生可以通过观看图片、画思维导图、课堂表演等方式来理解知识点。高年级的学生可以通过录制视频、社会实践等方法，在运用中巩固提高。

2. 根据不同的知识内容来选择不同的趣味学习方法

（1）识记生字。识记生字方面有字理识字、谜语记忆、图解记忆、童谣记忆等学习方法。例如，低年级的学生可以通过用橡皮泥捏汉字、用绳子摆汉语拼音等学习方法来识记。

（2）识记古诗。识记古诗方面有图画古诗（图2-2-12）、古诗新编、古诗吟诵、情景表演等学习方法。例如，中年级的学生可以通过给古诗配画、用自己的话来描述古诗等方法来加深对故事的理解。

（3）阅读理解。阅读理解方面有比较阅读、故事改编、人物访谈、角色代入、情境表演等学习方法。

（4）习作练笔。习作练笔方面可以通过撰写阅读心得、故事接龙、随堂练笔、仿写、改编等学习方法来强化训练。例如，三年级下册《慢性子裁缝和急性子顾客》被学生改写为《急性子裁缝和慢性子顾客》。

图2-2-12　通过画手抄报学习古诗

梁启超曾语重心长地说："少年强，则国强。"学生应抓住"线上学习"的契机，熟练地利用线上云资源，学会自主学习；奔赴线上学习的平台，从更加广阔的生活中汲取生命的甘泉；紧跟"线上学习"的潮流，在众志成城的时代感受风雨同舟的温暖和力量。

作为教师，我们是教学中的主导者，我们要不断创新，与时代接轨，教书育人，做学生的引路者。学生是学习的主体。我们要在他们心里播下一颗春天的种子，点亮一盏长明的心灯，让他们成为新时代的接班人。

学习工具，我做主

学习工具，顾名思义，就是辅助学生学习的工具。学生的学习工具是多种多样的，如绘本、思维导图、"导学案"等。自主教育，希望学生做自己的主人，选择适合自己学习水平的学习工具，从而达到良好的教学效果。平沙实验小学在自主教育的实践上积极探索，寻找出高效的学习工具——导学案。（图2-2-13）

第1课时　轴对称图形

【学习目标】

1.知识与技能：（1）初步认识轴对称图形的基本特征。

　　　　　　　（2）使学生理解对称轴的含义，能画出轴对称图形的对称轴。

2.过程与方法：通过学生动手操作等实践活动，培养学生的观察能力和想象能力。

3.情感、态度与价值观：在学生的学习活动中，让学生学会欣赏数学里面的美。

【课前导学】

1. 20÷4＝5 读作（　　），其中20是（　　），4是（　　），5是（　　）。

2. 把10平均分成2份，每份是5，用算式表示是（　　）。

3. 12÷4＝　　18÷3＝　　36÷4＝　　24÷6＝　　14÷2＝　　9÷3＝

【课堂探究】

观察这些图形有什么共同点。

图形两边（　　）。

第1课时　负数的认识

【学习目标】

1.初步认识负数，能正确地读、写正数和负数；知道0既不是正数也不是负数。

2.结合现实情境理解负数的具体含义，学会用正数、负数表示生活中相反意义的量。

【课前导学】

1. 生活中见过负数吗？它有什么含义呢？

【课堂探究】

感知负数。

（1）-3℃和3℃表示的意思一样吗？请在温度计中表示出来。

我的结论：

①-3℃表示_____，3℃表示_____；

②它们表示的意义相反。

（2）0℃表示什么？

图2-2-13　高效的学习工具——导学案

　　导学案是指教师依据学生的认知水平、知识经验，为指导学生进行主动的知识建构而编制的学习方案，它按"先学后教，以学为中心"的思路设计，体现了"学教合一"的理念。导学案包括学习目标、自学内容、问题讨论、概括总结、当堂检测等环节，它是以教师的指导为主导，以学生的自主学习为主体，师生共同合作完成教学任务的一种教学模式。导学案旨在通过学生的自主学习，培养学生的自学能力，使学生掌握自主学习的方法，从而提高课堂教学的效率。

　　导学案的设计是促进学生自主学习的前提，而导学案在课堂上的灵活运用才是关键，如何运用导学案来培养学生的自主学习能力？

1. 建立平等的关系，让学生畅所欲言

　　自主学习要求学生积极主动参与到学习的全过程，平等、和谐融洽的师生关系可以激发学生自主参与课堂的欲望，促使学生快乐地学习，更快进步。

2. 改进教法，让学生成为课堂的主人

　　学生是学习的主体，是具有独立意义的人。我们要摒弃传统的"填鸭式"教学，拒绝把学生当容器。培养学生的自主学习能力，要求我们的课堂

第二章 自主教育实践探索

更重视学习的过程，重视这个过程中学生自主的学习活动。

3. 给学生思考的时间和空间

教学应当为学生的自主学习留下足够的空间和时间。教师只有给学生预留充足的思考时间，才能培养学生独立思考的能力，使学生养成独立思考的习惯；才能激发学生学习的积极性，为其打开学习空间，为学生开展自主学习打下良好基础。

平沙实验小学数学科组率先推行导学案，年轻教师陈世堂在教学中积极探索导学案的价值，并把导学案运用在日常教学中，取得了非常显著的教学效果。陈教师曾经运用导学案上了一堂示范课，课前为学生录制了微视频，学生通过该视频了解本课的知识要点，通过导学案自学梳理新课，陈教师在课堂上集中精力帮助学生突破重点、难点，答疑解惑。（图2-2-14）导学案的运用既培养了学生的自主学习能力，又提高了课堂效率。通过不断探索和思考，平沙实验小学发掘了导学案学习在教学中的重要作用，并尝试逐步推广。目前，导学案学习已在平沙实验小学数学科组大力推行，教学效果显著。

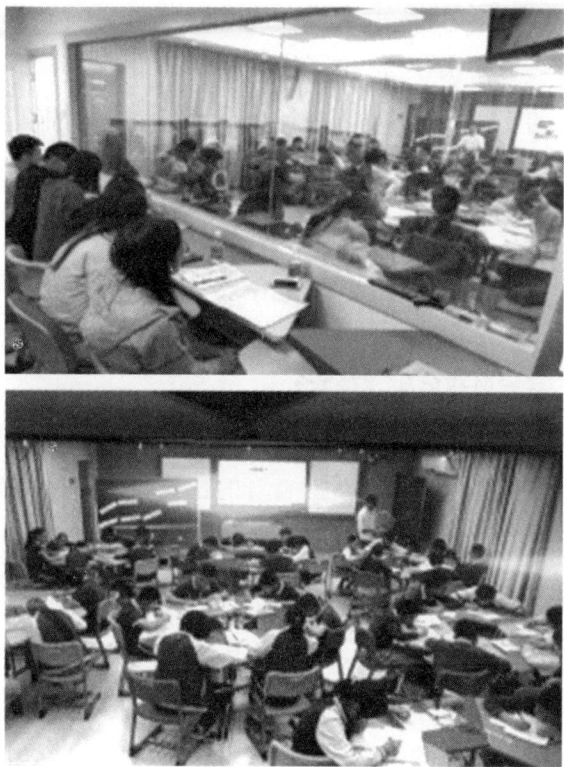

图2-2-14　导学案的示范课

学习深度，我做主

　　学习深度是指学生依据自身的能力水平来获取知识的深入程度。学生的智力、心理发展具有不平衡性，其生活环境不同，认知水平存在差异，导致其获取知识的深浅不具有同步性。因此，要提高教学效率，必须兼顾不同学生的学习水平，让学生根据自身的学习能力水平选择学习的深度，获得学习的成就感和满足感，做自己的主人。

　　由于课堂时间有限，课堂教学只能满足大部分学生的学习需求，夯实基础，无法兼顾到后进生和尖子生的学习需求，因此，课后作业是学生自主选择学习深度的重要途径。一方面，自主作业是让学生通过自主选择减

第二章

自主教育实践探索

轻作业负担，提高学习效率；另一方面，自主作业是为了培养学生的自学能力，让学生有更多时间提升自己。为此，学生们需要自己制订自学计划，包括拓展学习、超前学习、探究学习、社会化学习及其他等。

根据小学生的年龄特征和学习特征，平沙实验小学教师选择"加自主"的作业方式来促进学生的自主学习。所谓"加自主"的作业方式，就是在完成教师布置的作业的基础上，再自主增加作业。"加自主"的作业方式要求学生对自身的学习水平有正确的认识，并提前制订自学计划。那么我们该如何运用"加自主"作业方式促进学生的自主学习呢？

1. 帮助学生学会自我分析，扬长补短

"加自主"的作业方式要求学生根据自身的学习情况，自主增加作业，查漏补缺，扬长补短。这就要求学生对自身的长处和短板有明确的认识，根据自身的实际水平，自主选择增加的作业内容。正所谓"力气用在刀刃上"，这一方式大大提高了学生的学习效率。

2. 超前学习，制订自学计划

"加自主"的作业方式鼓励学生学会超前学习，提前预习新课，浏览知识点，明确重点、难点，做到心中有数。另外，学生还需根据自身对知识的理解制订相应的自学计划，确定自学的内容。

3. 设立奖励机制，营造积极向上的学习氛围

由于小学生的年龄特点和心理特点，在教学中需要更多地运用"正面管教"，多表扬、多鼓励。（图2-2-15）在学生完成自己设定的目标和计划后，要及时给予奖励，营造一种积极向上的学习氛围。教师要完善"加自主"作业的奖励机制，提高学生学习的积极性。

4. 学生相互督促，形成自主学习的良好学风

良好的班风和学风能促进学生的全面发展。在小学阶段，学生最容易受到同伴的影响，容易模仿同伴的行为。因此，"加自主"的作业方式要在班级中推行落实，让"自主学习"之风深入学生的内心。

图2-2-15　正面鼓励，营造积极向上的学习氛围

学习反思，我做主

学习与成长是一个发展的过程。作为自主学习自我管理的重要一环，反思意识的形成发展眼光的构建提供了充分的可能性。否定之否定作为个体发展的原动力，反思是不可或缺的环节。那么，如何在教育教学过程中树立学生的自主反思意识同样至关重要。

一、构建主动反思习惯

反思作为否定之否定的外在表现，在学习过程中处于"后学习阶段"。当学习与受教育实现阶段性完成时，一方面学生会出现倦怠感与满足感的综合情绪，另一方面教育者（教师）与监督者（家长）对阶段性成果的重视也会潜移默化地淡化反思的重要性，正如以赛亚·伯林所讲，当个体沉浸在成果中时，积极自由将会更难发生作用。因而，针对反思的重要性构建和习惯性实践在自主学习、自主管理思想可持续养成过程中是十分必要的。

1. 反思习惯养成的必要性

"木直中绳，𫐓以为轮，其曲中规。虽有槁暴，不复挺者，𫐓使之然也。"荀子在两千多年前总结出来的教育原理如今仍旧适用。学习是个反复与重复的过程，那么反思在重复的过程中就应起到引导性的作用。

一位教师曾在自己任教的班级做过这样一个实验：在单元小测的讲评环节后，让学生在试卷卷头处将自己出现的错误进行总结分类，并且将错题列为当日作业，让学生再次试做，并于两周后选择类似测试题给学生们作为当堂测验，将结果收录。同时，教师在下一单元测试中以时间不足为由，只讲评，而取消强制性总结反思要求，并于两周后测试类似内容。对照两次测验的成绩，然而令教师吃惊的是，两次的成绩相差竟达到25%以上，须知讲评到再测的时间差仅为两周，这在遗忘阶段中并不算长。然而限于教师可控实验样本之有限，无法将数据扩大化，从而得出一个有效且与实际规律相符合，在教育教学实践中具体的影响因数，但有效反思的价值可从实验中一窥。

2. 反思习惯养成的方法论

在讨论自主反思之必要性之后，如何让学生自主地、有意识地构建学习反思意识和习惯是讨论的落脚点。一位教师基于自己班级自主管理的一线经验提出以下实验建议：

（1）各学科教师牵头，要求学生记录自己在学习、生活、纪律等方面的错误及过失，其中涵盖学习内容的答案、生活中的经验教训，以及纪律上自己所承担的后果。除学习内容外的其他内容无须公示，以类似日记的形式自己保留，时不时翻阅即可。学习方面以错题本的形式呈现，不求量大，但求全面，不设硬性要求，旨在构建自我反思的意识。

（2）和家长配合，共同完善反思学习内容，鼓励和引导学生在一个月（28天）内养成一个习惯。告知家长除查阅学生作业及课本等内容外，还要积极查阅错题本。鼓励学生丰富自己的错题本。

（3）平沙实验小学为每个学生都发放了统一制式、统一格式的错题本。在材料上实现了自我反思用具全覆盖，并引导鼓励学生以此种方式促进自主反思意识的形成。

做自己的小主人——自主教育实践探索

－90－

二、保持自主反思习惯

习惯养成所需的时间并不算长，但唯有保持此习惯，其实践效果才能真正显现。根据教师所述，在班级内已经有学生自发地养成了记录反思的习惯，通过一段时间的观察后发现，养成反思习惯的学生成绩均上浮5%以上，进步可谓明显。

然而不得不引起重视的是，当教师与家长都认为学生自主性已经构成后，均显示出对反思记录放松了检视，进而导致大部分学生逐步放松了对自己的要求，在假期期间，样本中全部学生都停止了自我反思，这正好从侧面说明了知易行难。因此，使学生养成自主反思之习惯任重而道远。

学习反思的落脚点仍然是"自主"一词，这恰好呼应了平沙实验小学提出的"自主学习，自主管理"的议题。一方面，自主的实践有效地保障了学生学习习惯的有效养成，为学生全面发展提供动力，符合新时期国家对人才培养的目的与方针；另一方面，学生反思自主性习惯的养成也有效地推动了学校及家庭教育向双向化、简便化、有效化发展。

小学学段，尤其是低年级学段，自主管理全面思想指导下的自主反思之持续性仍存在一定的困难与挑战。

首先，小学生由于年龄、思维、阅历等方面客观条件的限制，逻辑思维的不完备性使其对以往过失的反思往往不够全面，甚至有失偏颇，从而使一部分学生无法有效实施学习上、纪律上的反思，同时也有一些学生在反思过程中出现自卑、信心缺失等负面情绪。针对类似情况，以教师为主导的教育者应该更为长远地给予学生自我反思方面的指导，尽可能多地鼓励与积极暗示，帮助学生树立正确的反思观，帮助学生正确养成主动自我反思的习惯，做到"扶上马，再放手"。

其次，习惯的养成也要遵循客观规律与主观条件，不可操之过急，不能"一刀切"，对养成习惯较慢或是基础较差的学生，要做到制订阶段目标，完成阶段性培养方式，循序渐进，培养学生自主积极性，从而激发学生自主养成反思的习惯。

同时，针对反思习惯养成的时间长短，合理采用榜样激励的方法，合理表彰习惯养成佳、学习效果好的学生，利用小学生的榜样效应。巩固优秀学生的自主反思习惯养成的同时，也以同龄学生为切入点，为习惯养成慢、学习基础差、积极性不佳的学生提供模板式参考。

最后，习惯养成，尤其是"后学习阶段"的自主反思习惯养成作为一个长期的、有终生影响的学习习惯，离不开家校共育。以学习反思为宗旨的错题本及学习反思条目，要由家长在固定时间进行阶段性检查，并将其列为长期的、日常化的家校共育项目。同时，对基础不佳、自律性差、主动性不强的学生，经家长与教师协商后，由班主任牵头建立特备辅导小组，由教师课后义务为学生检查指导课后反思，全面地帮助学生养成自主反思的相关习惯。

第三节　自主成长

积极心理，我做主

积极是一个带有价值导向的概念，现代人注重创新、自主、主动和外向，这是一种出色的心理素质和生活态度。这种心理素质促使一个人热爱自己、热爱他人、热爱世界，拥有快乐和幸福。

小学生正处于身心发展的快速时期，受认知水平、个性发展和自我调控能力的限制，对一些自然现象、社会现象或自身身心发展变化等缺乏正确的认识。因此，积极心理学强调，用小学生内部的积极潜力唤醒他们内在的积极需求，从而让学生在学校接受教育，在教育教学的影响下形成良好的道德行为和心理品质。

我们现在正在致力于研究一个学校"自主教育"积极心理的成长体系，我们已经基本确定，从自主管理、自主学习、自主活动三个领域入手，从这三个要素与学生的关系里找到积极心理成长的契机。（图2-3-1）

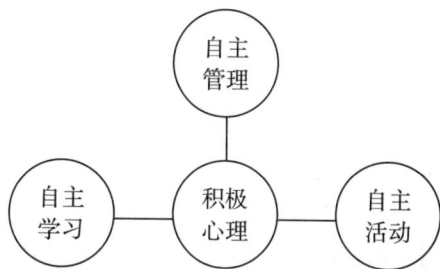

图2-3-1 "自主教育"积极心理成长要素关系图

我们编制了一套围绕良好的道德行为和心理品质要素进行教育的《珠海

市平沙实验小学"自主教育"成长手册》。（图2-3-2）学生每个学期按照时间轴，自主选择做什么事情，怎么做好这件事情。学生在自主选择与实践积累中，越来越有主意，越来越有目标和准则，学生也由稚嫩的"自主娃娃"成长为具有积极心理和自主行为能力的"自主少年"。

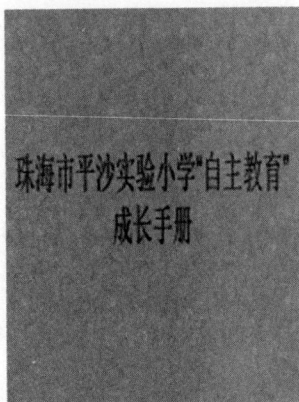

图2-3-2　珠海市平沙实验小学"自主教育"成长手册（草稿版）

健康生活，我做主

随着科技的进步、医学的发展，现代人的健康观念也发生了变化。健康，我们不能只把它理解为没有疾病，在精神上，应该让它也处于饱满状态。为此，联合国世界卫生组织为人的健康订立了十条标准，新的健康观念要求人们在重视身体健康的同时，也要注意心理健康。

小学生的生活方式健康与否，直接影响他们的身心能否健康发展。在小学阶段，学生对自己生活方式的选择，需要从饮食习惯、用眼卫生、生活态度等方面获得帮助和教导。为此，在学校生活中，我们依托主题活动，定期开展各种安全及健康教育，力求使学生在学校生活中能自觉主动地关注自身的健康成长状况，能关心集体中同伴的身心健康情况。

一、健康教育主题活动1：防微杜渐，及早预防，拥有好视力

学校以学期为单位，定期联合高栏港区儿童青少年近视防控部门到学校开展卫生标准普及行动讲座。例如，2019年12月27日，平沙实验小学邀请珠

海市疾病预防控制中心的杨仁东先生带领大家共同解读《儿童青少年近视防控策略及相关卫生标准》，杨仁东先生从近视流行现状、防控策略、相关卫生标准三个方面予以详述，分别对学校、教师、学生自身提出要求，树立防控意识，落实防控行动。

接着眼科专家姜二华先生给三年级全体学生做《青少年护眼知识》专题讲座。眼睛是心灵的窗户，他提醒学生们要养成良好的用眼习惯，防微杜渐，及早预防，这样才会有好视力。（图2-3-3）

图2-3-3　用眼卫生标准普及行动讲座

学校是青少年近视预防主阵地，平沙实验小学严格按国家卫生标准执行，将学生近视防控工作落实到位，从思想上高度重视，树立健康教育理念，切实做好学生预防近视工作，为学生的健康成长保驾护航。

二、健康教育主题活动2：事故需防范，疏散演练建平安

活泼、充满活力，是小学生的生命自然本性。他们喜欢嬉戏玩耍，喜欢追逐打闹，喜欢生命个体跃动的快乐。但由于小学生受到思维水平的限制，

对于校园生活活动方式的选择还做不到理性，带有很大的任意性和盲目性，所以，对学生的事故防范教育显得尤为重要。

为了进一步加强学校安全教育管理工作，提高师生的安全防范意识，平沙实验小学会结合地域和季节特点，定期开展预防踩踏事件安全应急疏散演练、防溺水安全演练、家校避震疏散演练等。（图2-3-4）

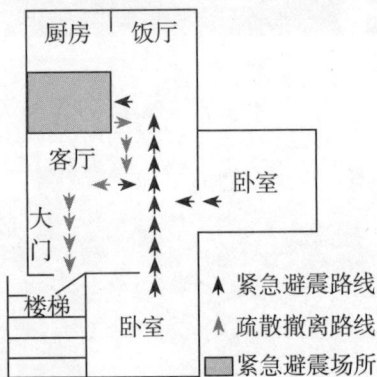

图2-3-4　预防踩踏事件安全应急疏散演练图和家庭应急逃生路线规划

三、健康主题活动3："扫黄打非"专题宣传教育活动之绿书签行动

为开展好"护苗2020"专项行动，积极响应"扫黄打非"办公室在全国范围内开展2020年"绿书签行动"系列宣传活动，为少年儿童健康成长营造一片净土（图2-3-5），平沙实验小学在2015年已成立"扫黄打非"工作小组，专门负责学校"扫黄打非"宣传教育工作，多年的努力已促使学校形成

了良好的校园学习氛围和文化环境。然而，"扫黄打非"工作不能停止，不可松懈，需要学校、社会、家长三方形成合力，从源头上杜绝淫秽色情、凶杀暴力、低俗文化等不健康因素对少年儿童的侵害。

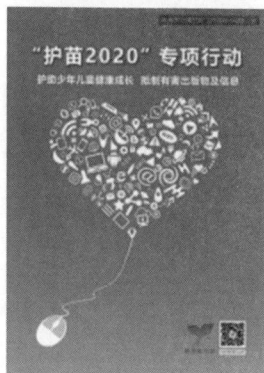

平沙实验小学"扫黄打非"童谣

同学们，听仔细，健康文化有意义。
这世界，很新奇，有些问题要注意。
网络吧，不要去，影响学习易着迷。
玩游戏，在假期，莫要玩起无归期。
歌舞厅，要远离，健康娱乐身心益。
盗版书，虽便宜，字迹不清伤视力。
黄书刊，是毒剂，只会害人又害己。
多看书，健身体，爱国爱家爱自己。
你支持，我参与，扫黄打非不停息。

图2-3-5 "护苗2020""扫黄打非"宣传活动手册

四、健康主题活动4：珍爱地球，你我同行

世界地球日，是世界上最大的民间环保节日，旨在提高民众对现有环境问题的意识，改善地球的整体环境。

保护地球，人人有责。平沙实验小学借此契机，积极开展世界地球日宣传活动，旨在提高学生保护环境的意识，鼓励人人争当爱护环境的小使者。学生通过观看科普视频，了解我们美丽的地球，学习相关的环境保护知识，并通过各种形式传递着正能量："我们只有一个地球，要好好爱护它，让地球越来越美好，是我们的责任！"

1. 图画篇

一张张美丽的手抄报，这是学生在用自己的方式，表达他们对大自然的热爱。（图2-3-6）从色彩缤纷的图画里，从字里行间，我们能看到学生们天真烂漫的脸庞，他们对大自然的告白是那样纯真无瑕！他们有着无限的感受力，感受大自然最美的赐予，懂得爱护地球。他们愿意用行动去保护环境，珍惜水资源……

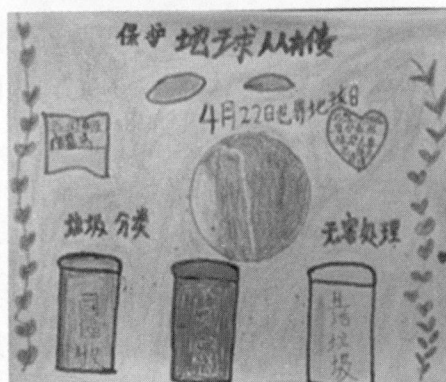

图2-3-6 "珍爱地球"手抄报

2. 手工篇

我是小小传播者（图2-3-7）。精美书签洋溢着清新自然的芬芳！没有这样一颗爱护地球的心，又怎会做出如此精美的书签？这是在告诉大家，不要小看这点点滴滴，汇聚起来，就是整个地球。"我想给你换上春装！保护地球，播种希望！"

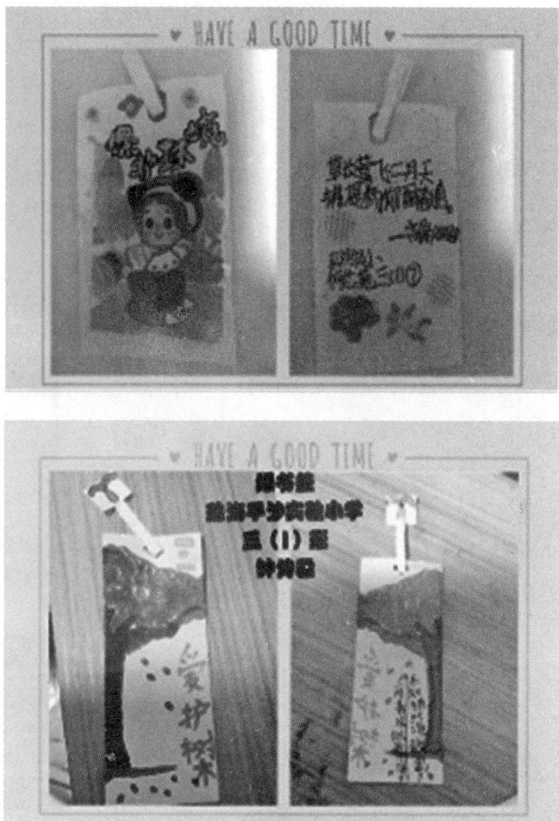

图2-3-7　我是小小传播者

3. 接力篇

爱学习、爱地球，我来做。（图2-3-8）我们只有一个地球，在享受大自然美好的同时，我们也要行动起来，在点点滴滴中让我们的地球焕发生命活力。在教师和家长的教育和帮助下，学生们纷纷接力，平沙实验小学环境保护的绿色小使者们坚定信念，在日后的学习生活中，努力传播绿色正能量，为保护地球贡献自己的力量！行动起来，爱护我们共同的家园！

图2-3-8 爱学习、爱地球，我来做

五、健康主题活动5：红色研学社会实践活动

为提升学生综合素质，践行"自主管理，自主学习"教育理念，平沙实验小学积极组织学生开展课外研学成长活动。2019年4月，平沙实验小学高年级和低年级师生分别前往唐家飞鹰军事集训基地和珠海淇澳岛开展了主题为"我是小红军"和"我是特种兵"的红色研学社会实践活动。

红色研学活动有效地推进了革命传统和爱国主义教育，践行了社会主义核心价值观。"一粥一饭，当思来之不易；一丝一缕，恒念物力维艰"，当代少年更应缅怀革命先辈，珍惜当下的幸福生活。

精彩个性，我做主

个性又称"人格"，指个人的精神面貌或心理面貌。每个人都有自己的理想和抱负，都有自己的兴趣爱好和特长优势，每个人都应为自己的目标努力奋斗。人生就是一张白纸，未来要用我们自己的双手去绘就，用五彩的画笔去绘出属于自己的精彩人生。

集体能形成巨大的教育力量，有利于学生良好个性及品质的形成，有利于学生增长知识、提高能力、发展特长、陶冶情操，促进学生的身心健康发展。

社团是学生兴趣生活的重要部分，是凝聚儿童朝气蓬勃思想的重要阵地。为实现社团的真正功能，平沙实验小学结合实际情况，批准设立美术（包括手工、绘画）、音乐、合唱、跳高、游泳、足球、女篮、男篮、科学（机器人）、数学10个社团。每个社团各有不同的活动内容和活动方式，它们的主要功能是培养和发展成员的兴趣爱好，推动校园文化建设，丰富校园文化生活，辅助学习，为学生的终生发展奠定基础。

美术社团在于培养学生对美术的兴趣、爱好，使学生增长知识、提高技能，丰富学生的课余文化生活，对今后培养美术人才起着积极推动的作用。（图2-3-9）

图2-3-9　美术社团活动图

　　跳高社团主要学习跨越式跳高，并在其基础上发展背越式跳高。（图2-3-10）足球社团主要学习足球基本技能，提高学生足球竞技水平，在强健学生强健体魄的同时，也为培养学生坚韧不拔、团结奋进的优秀品格打下了坚实的基础。

图2-3-10　跳高社团活动

音乐社团立足于全面推行素质教育，在丰富学生校园文化生活的基础上，激发学生学习音乐的兴趣，培养学生的音乐审美能力、艺术修养及表现能力，促进学生个性发展，营造了和谐的校园文化氛围。（图2-3-11）

图2-3-11　音乐社团活动

科学社团重在提高学生的科学素养，培养学生动手操作和创新实践的能力。科学社团根据本地生源特色，开展科学活动，开阔学生视野，培养学生的科技创新潜能，与STEM素质教育理念接轨。（图2-3-12）

第二章
自主教育实践探索

图2-3-12　科学社团活动

全面发展，我做主

全面发展即人的全面发展，既指人的体力和智力的充分发展，又指人在德、智、体、美、劳各方面和谐地发展。我们从小要养成"自主管理"与"自主学习"的良好习惯，认识和发现自我价值，发掘自身潜力，有效地应对复杂多变的环境，成就出彩人生，发展成为有明确人生方向、有生活品质的人。

一、增强道德意识，训练道德行为，培养道德习惯

道德是实现自我完善的一种重要的精神力量。有道德意识的人能够用自

己的意志调动心灵中真善美的力量，使自己的生命之舟能在有益于祖国和人民的航线上航行。

2019年9月30日，为庆祝中华人民共和国成立70周年，平沙实验小学全体师生用最深情的方式，为祖国庆生，为华诞献礼。在这满怀希望与收获的季节，平沙实验小学举行"我是护旗手"爱国主义主题活动。（图2-3-13）该活动点燃了全体师生的爱国热情，凝聚了全体师生的力量。

图2-3-13 "我是护旗手"爱国主义主题活动

二、提高自主学习认识，激发自学兴趣，发展智力水平

莱辛说过："如果上帝一手拿着真理，一手拿着寻找真理的能力，任凭选择一个的话，我宁要寻找真理的能力。"叶圣陶先生也提出了"教是为了不需要教"的观点，二者都体现了学生渴求获得自主学习能力的愿望。

1. 巧用思维导图，点燃数学自主学习"引擎"

为推动平沙实验小学课堂改革发展，提高课堂教学效率，平沙实验小学拟引进思维导图这一新的教学方法。平沙实验小学数学教师结合本校学生实，积极探索思维导图在学科教学中的应用方法，不断摸索，检验新教学方法的实用效果和价值。学生也在不断的思维激发与显性呈现中看到了数学的奇妙，感受到了学习数学的乐趣。（图2-3-14）

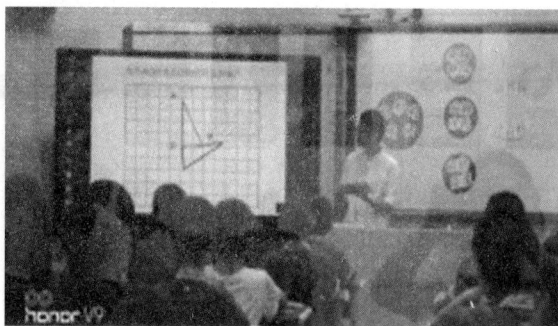

图2-3-14　检验思维导图的新教学方法

2. 创造力教学策略，提高科学自主学习积极性

平沙实验小学科学教师周景蓝基于以发展学生科学创造力为主旨的科学教学理念与模式，遵从科学创造力教学中"爱的"创造性思维教学方式，从问、想、做、评四个要素出发，研究并设计气氛活跃、亮点突出的课堂教学，给学生充分的探索机会和探索时间，从而激发出学生强烈的科学探索欲望，让学生体验到了科学课的乐趣。（图2-3-15）

图2-3-15　激发学生科学探索欲望，让学生体验科学课的乐趣

3. 自主体育强身，自觉美育怡情，自发劳动养德

为使学生在轻松愉快的氛围中逐渐养成自主正确锻炼身体的习惯，逐渐形成自觉关注美、创造美的思想，逐渐养成自发参与劳动、坚持劳动的美好品质，我们致力于从体育锻炼、艺术涵养、劳动修身三个方面引导学生成为自己健康成长的主人。（图2-3-16～图2-3-18）

图2-3-16 我运动，我健康

图2-3-17 我创作，我成长

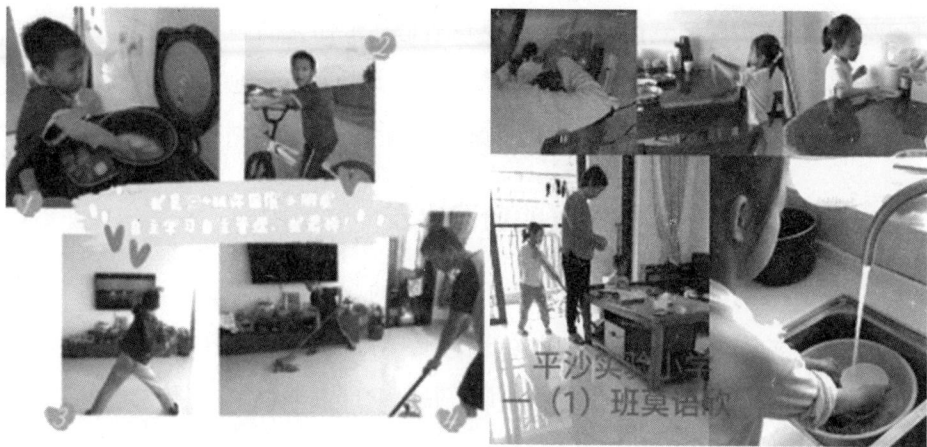
图2-3-18 我劳动，我快乐

自我实现，我做主

自我实现是个体身心潜能得到充分发挥，是一个不懈努力的过程。平沙实验小学实行学生自主管理模式，形成了自主、合作、探究、创新的良好学风。学生朱家慧是班级的纪律委员，她在班主任谭教师的指导下召开主题班会，带领同学们读班规，然后自省，见到别人做好了便向他们学习，自己有不足马上改正。她感慨道："一学期下来，同学们渐渐地达成了共识：从我做起，自主管理，服务集体。班级凝聚力增强了，自主管理成了我们的良好习惯。""自主管理就是做好自己的每一件事，不给别人添麻烦。"学生黄载林说，"学校提出自主管理，教师们用一个个鲜活的例子启发我们，还教我们怎么做好自己的事，怎么管理班级，渐渐地，我也学会了管理自己。"

青春旋律，迸发理想的光华；生命色彩，描绘绚丽的人生。实小学子们对学习和生活活动进行自我支配、自我调节和控制，充分发挥自身的潜力，主动内化和主动发展，努力使自己真正成为教育的主体和学习的主人。

马斯洛相信每个人都有自我实现的潜能，如若提供良好的条件和途径，自我实现终将实现。然而，自我实现并不是某个伟大的超越性时刻，而是一个不懈努力的过程。从一定意义上说，自我实现由不断地累积形成，是从每一次对理想人性的微小的进展发展而来的。

一、入学篇——向最好的自己出发

入学是人生中的一件大事，是开始学习的起点。一年级的学生在"自主教育"理念的引领下，播种下对父母有爱、对社会有责、尊师孝亲、崇德立志的种子，追随"自主管理"的脚步，秉承"自主学习"的精神，开启他们在平沙实验小学的学习生活之旅。

二、成长篇——做最好的自己

正因为有了花儿，世界才变得芬芳；正因为有了鸟儿，天空才满是乐章；正因为有了风儿，柳枝才学会舞蹈；正因为有了树儿，炎夏里才有了阴凉。小小少年在人生的成长路上要学会努力与勤奋，要学会忠诚与担当，更要学会满怀激情与心怀感恩，茁壮成长，做最好的自己。今日铸优良品质，他日成国家栋梁！

1. 我是一名光荣的少先队员（图2-3-19）

图2-3-19　少先队员入队仪式

2. 尊老敬贤，传承中华美德（图2-3-20、图2-3-21）

图2-3-20　学生到敬老院慰问老人

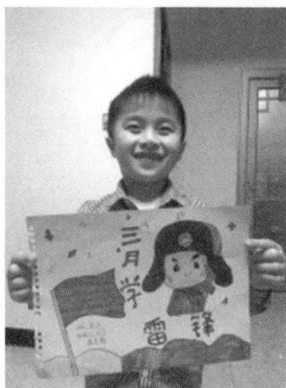

图2-3-21　绘制"学习雷锋"手抄报

3. 责任与担当，义不容辞（图2-3-22）

图2-3-22　学生主动扶起被风吹倒的宣传牌

4. 团结奋进，彰显少年风采（图2-3-23）

图2-3-23 团结奋进的集体活动

三、特色篇——秀出"真我风姿"

1. 多彩课程助我成长

"科学构建丰富多彩的课程，扎实有效地践行育人理念"是平沙实验小学孜孜以求的教育梦想。丰富多彩的课程是学校践行"自主教育"育人理念的重要支撑和有效载体。学生在丰富多彩的课程体验中，在不断的积累中，和谐发展，健康快乐地成长（图2-3-24～图2-3-31）。

图2-3-24　硬笔书法课程

图2-3-25　课外阅读拓展课程

图2-3-26　足球课程

图2-3-27　经典诵读课程

图2-3-28 机器人课程

图2-3-29 篮球操课程

图2-3-30 艺术涂鸦课程

图2-3-31 创意手工课程

2. 自我实现，快乐生活

自我实现是随时随地、点点滴滴地实现个人潜能的过程，是付出努力做好自己想做的事情，悦纳与展示则是通往自我实现航标道路上源源不竭的动力源。

平沙实验小学儿童节系列活动以"'云'艺'家'年华"为主题，开展线上才艺表演和室内操评比等系列活动，充分发挥学生的主动性与创新精神，丰富学生的课余生活。（图2-3-32 ~ 图2-3-35）。

各班先组织学生观看从线上挑选出来的优秀才艺视频。学生们多才多艺，有的表演唱歌，有的表演快板，有的表演舞蹈，有的表演钢琴演奏，等等。学生们充满活力、自信、快乐的表演给全校师生带来了一场丰富的才艺盛宴，阵阵欢乐的笑声回荡在平沙实验小学的每个角落。学生在参与、展示、分享中收获喜悦和成长，享受属于自己的节日盛宴！

图2-3-32　室内操

图2-3-33　云舞蹈

图2-3-34　云弹唱　　　　　图2-3-35　云朗诵

　　这里是童年的摇篮，这里是童年的梦乡。在小学六年这美好的时光里，学生们用智慧和热情播撒希望的种子！习近平总书记寄语广大少年儿童时强调：刻苦学习知识，坚定理想信念，磨炼坚强意志，锻炼强健体魄，为实现中华民族伟大复兴的中国梦而时刻准备着。平沙实验小学的少年儿童，正在挥动前行的翅膀，在绚烂苍穹中谱写美丽新篇章！

3

第三章

自主教育成果展示

第一节　教师自主提炼"我的教学主张"

　　平沙实验小学以"学校内涵发展、教师专业发展、学生全面发展"为办学目标，多年来学校以促进教师专业成长为重点，通过专家引领、外出培训、校本教研、师徒结对等形式，努力全面提高教师的教育教学专业水平，逐步提升师资队伍的专业素质。平沙实验小学现有珠海市校长工作室主持人1名、珠海市名教师1名、珠海市教师工作室主持人1名、珠海市名班主任3名，以及区级骨干教师25名。作为校长，我在十多年的学校管理中一直努力寻找教师专业成长的有效途径，我认为，每位教师都有自己的优势和特点，要找到自己的"专业坐标"，学会提炼出"我的教学主张"，这就是一条教师专业成长的良好路径。每一位教师都有自己的特长，有着巨大的潜力，关键是要激发动力，找准优势，让每一位教师找到自己的专业坐标。教师可从学科深处、课程热点、课题研究和社团建设等方面积极探索，形成自己的教学主张。"一年一口井，不如十年一口井"，我鼓励教师找准坐标，深度挖掘，最终一定会有收获。

　　教学主张要从教育教学的基本问题出发、从学生实际出发、从学科的具体问题出发，梳理出核心要素，形成系列程序与方法，逐渐形成自己的思想底蕴，形成自己的教学风格。学校全体教师从自身的教学实际出发，认真思考，潜心提炼自己的教学主张，彰显了不同学科教师的教学理念与风采。

智慧语文，厚积薄发

教师简介

廖新星，女，党员，1981年5月生于广东梅州，2002年7月毕业于珠海教育学院，小学语文一级教师，平沙实验小学副校长。多次参加区、市语文青年教师的赛课、录像课、素养大赛、教学基本功大赛，荣获一、二等奖，十余篇论文荣获国家级、省级、市级一、二、三等奖，荣获广东省小学语文骨干教师、珠海市名班主任、珠海市2020年"崇德守信"好青年等称号。

有人认为学语文很简单，无非就是听、说、读、写，死记硬背，不需要动脑筋。也有人认为教语文很简单，任何学科的教师都可以教语文。真的是这样吗？

语文是所有学科的基础，是发展学生素养的有效途径。要想学好语文，提高语文水平，提升个人语文素养，需要智慧！

工具性与人文性的统一，是语文课程的基本特点。作为一名语文教师，引导、激励学生掌握方法，学以致用，提升个人素养，需要智慧！

语文素养的提高，关键在于长期的语言积累和沉淀，只有厚积，才能薄发；学以致用，才是活语文。

一、智慧在于唤起学生自主学习的欲望，乐学语文

每一个人的心里都有一个"自律的自己"，唤起学生自主学习的欲望，乐学语文，是从学生角度提出的。自主学习是以学生为中心，既尊重学生的个性发展，又发挥学生的主观能动性的学习方式，使学生在愉快的学习活动中获得成功经验，形成自主意识；自主学习的目标，主要是培养学生自主学习的自信和兴趣，积极、主动、独立思考的能力，锐意进取的学习态度，提

高学生的自学能力和自我调节能力，使学生形成自主学习的良好习惯和品质，促进学生自主发展并且通过自主学习让其感到学习不是一种负担，而是一种享受，一种愉快的体验，从而在学习活动中表现为我要学，这是基于学生对学习的一种内在需要。

自主学习对于每一个人的成长起着至关重要的作用，培养自主学习的能力的最高境界就是让每一个学生都成为学习的主人。

在教学中首先要让学生感受到语文的魅力，这主要来自语文教师本身的语文素养和人格魅力。例如，一手好字、一口流利的普通话、字正腔圆的诵读、缜密的思维、快速的反应，以及丰富的知识，包括文学常识、历史故事、诗词曲赋、寓言、神话等。成就这样的素养，需要语文教师本人不断学习、不断提升。学高为师，没有新鲜的一桶水，是无法给学生一杯甘甜的水的。德高为范，语文教师需要具有高尚的人格魅力，爱生敬业，具有良好的专业素养，具有较高的教育教学能力。每一位教师都是一个温暖的太阳，自身的能量辐射出去能够给学生良好的影响，让学生感受到语文的魅力，吸引学生自觉成为学习语文的主人。

另外，合作探究是抓住学生求知欲望的关键。教师在课堂上设置一些有梯度的问题以引导学生进行探究，让学生积极参与学习活动，通过讨论、质疑，得出问题的答案，这让学生有一种获取成功的满足感，同时激发了学生学习的欲望。组织这样的探究活动，学生不仅解决了问题，得出了结论，更重要的是学生探究问题的思维能力得到了有效提高，从中获得了阅读思考的方法和技能，产生了学习的欲望。

二、智慧在于大道至简，善教语文

简简单单教语文，善教语文，这是从教师角度提出的。于永正教师说："语文教学就是教学生学习语言，运用语言，重要的是怎样去引导学生，激励学生。"教语文，确实不需要过多烦琐的手段。不少教师在课堂上唯恐讲解不够细，分析不够透彻；唯恐立意无法拔高，把内容挖得很深，到后来连作者都不敢认同了。这样的教学不是面对儿童的，而是面对成人分析作品，将文本分解得支离破碎，惨不忍睹。

还有一些课堂教学只注重教学形式，而忽略了教学结果；关注教师本身，漠视学生主体；超量资料补充，过多媒体演示，频繁小组讨论，看似热闹，实则难以提高学生的语文素养。面对这样的语文课堂，于永正教师疾呼："该教的一定要教给学生，不需要教的别耗费精力，力气要用到刀刃上。"在课堂上，教师应该关注学生自主发展的时间和空间，学生会的不用教，稍加点拨即可；学生不会的放慢速度，知识点一定要训练到位。教师要有意识地培养学生的语文素养，训练学生听、说、读、写的能力。

上海特级教师贾志敏指出：听、说、读、写四种基本能力，核心是读，唯有正确、流利、有感情地朗读课文，才可能听得清楚，说得明白。课堂上多些朗读，多些朗读指导和训练，能够对学生的发展起到奠基的作用，作为语文教师应该努力实践行动。

例如，一年级上册《秋天》第一课时，指导学生品读第一自然段第三个句子："一片片叶子从树上落下来。"我是这样教的：学习这个句子，关键在于读好"一片片"，我利用学生自己收集的树叶，向同桌出示一片叶子到出示好多片叶子，从而理解一片片是很多片的意思。此环节需要教师教学经验的积累，如果生搬硬套地讲"一片片"，学生无法深刻地感受到叠词所产生的生动与美妙，也就丧失了语文的美感。

一年级学生刚刚学完拼音，这是他们接触到的第一篇课文，教师的引导非常重要，不能枯燥无味地给学生分析课文，把知识一股脑儿地塞给学生。在听、说、读、写四种基本能力中，一年级重在以读代讲，以读"悟情"，于是我重点指导学生品读第一自然段。

三、智慧在于活学活用，厚积薄发

不管是教师还是学生，会用才算是真正掌握知识。全国小语会会长崔峦认为，语文素养是一种以语文能力为核心的综合素养，其要素包括语文知识、语言积累、语文学习方法与习惯及思维能力、人文素养等。由语文素养概念外延的宽泛与涵盖的广泛可见，一个人语文素养的提高，关键在于长期的语言积累与沉淀。

教师厚积，才能薄发，积累教学素材、教学方法、教学智慧，每天坚持阅读，坚持写教学反思，在落实好国家课程的同时开发好班本课程（平沙实验小学每天下午第7节课是"我行·我型"的社团活动），将"课标"精细化，落实到位。

学生厚积，才能薄发，从课本中积累，读教材、读课外书籍，积累好词佳句；从生活中积累，包括外出游学及各种研究型学习活动，还可以摘抄、办剪报、收集素材；从实践中积累，朗读、演讲、辩论……

综上所述，智慧语文，厚积薄发。智慧在于唤起学生自主学习的欲望，乐学语文；智慧在于大道至简，善教语文；智慧在于活学活用，厚积薄发。作为语文教师，提高学生的语文能力，提升学生的语文素养，责无旁贷，义不容辞。

我的教学主张——生态语文

教师简介

吴颖，从教十四年，高栏港区小学语文教研团队成员，现任校语文科组长。曾在各级各类教学比赛中多次获奖。撰写的论文《小学语文有效课堂构建中创新能力培养策略探究》发表在《教育论丛》杂志2020年3月刊上。2017年主持申报的课题被批准为珠海市教育科研"十三五"规划第二批立项课题。曾参与研究和撰写的《"萌文化"课程方案》荣获广东省中小学特色课程建设方案评选二等奖。在全国名师工作室联盟与《作文周刊》报社联合主办的全国中小学生抗"疫"作文公益征集活动中荣获"优秀指导奖"。

"生态语文"是由江苏省语文特级教师、张家港市教研员蔡明教师提出的，得到了专家与一线教师的认同。生态语文是一种用生态理念去学习、教授、研究语文的语文教学新模式，是讲科学、求效率的语文学习系统。基于学生、以文为本、个性教学、适性发展是它的基本理念。生态语文的构建对语文教学、学生和教师发展都有较大意义。

生态语文的关键在于生态，生态在《辞海》中的解释是：自然环境系统中生物与生物之间、生物与生存环境之间相互作用建立的动态平衡关系。生态语文，从关怀生命出发，以学习汉语语言文字的运用为主要目标，以学生的主动、互动、能动、灵动为表征，师生共同营造求真、求美、求新的多形式、多维度、多元化的语文听、说、读、写生态场。蔡明教师将其简洁地表达为：生态语文是生命的语文，生态语文是生活的语文，生态语文是生长的语文。

生态语文对内铸就学生独立自主的学习精神，注重学生语文学习中的"自我感悟"；对外打造轻松自由的学习环境，注重教师的观念思想提升，由内而外地使我们的学与教具有生态意识，改造学习主体的"内生态"与"外生态"。要想构建生态语文，就应该以促进学生人文一体、和谐发展为目的，尊重语文特有的学习规律，尊重学生的学习需要，尊重社会发展，追求人本、文本与生活之本的统一，从而使语文学习更近于质朴、自然的本真状态。

一、构建生态语文，让语文课堂满足学生的疑思需求

加德纳的"多元智力"学说认为，学生与生俱来就各不相同，他们既没有完全相同的心理倾向，也没有完全相同的智力，每个学生都有各自的强项和弱项，因为人的本能是多元的。为了构建新型的语文课堂"生态环境"，教师应把握小学生在语文课堂中的心理需求，营造思维自由开放、形态有序、和谐的课堂教学空间。

在教学中，我们要把问的权利留给学生。鼓励学生在预习时主动发现问题，提出问题，自觉地在学中问，问中学，课堂上向教师、同学质疑。"学起于思，思起于疑，学贵有疑，小疑则小进，大疑则大进。"思维往往是从问题开始的。怎样质疑问难呢？我们可以引导学生从以下四点做起：①看课题提问。带着问题去阅读，就不是盲目地阅读，而是探究性地自主学习。学习应以思考为基础，向别人问问题，得自己先想一想，先思考、研究

一番，这样获得的知识才是最有用、最难忘的。②从课文遣词造句的妙处质疑，引导学生在自读课文时，找出文中精彩的语句或感受最深的地方，从中寻找问题。这样，让学生体会到作者用词的准确性和形象性，既训练了学生的语感，又发展了学生的思维能力。③从课文的重点、难点处质疑，对课文重点、难点句段质疑，既有利于学生深入理解课文，也有助于教师在教学过程中围绕这一线索进行教学。④从标点符号上质疑，各种标点符号的用法不同，它能帮我们识别句子，辨明语气，理解课文内容。

课堂教学应启发学生的思维，应张扬学生的个性，应引导学生创造性地学习，使语文课堂有生气，出现生命之态。

二、构建生态语文，让诵读激活自我的真实感受

诵读是我国传统的语文教学方法。古语有云："读书百遍，其义自见。"学生在反复诵读的基础上能够感受和品味文章，由此获得语文学习经验的领悟与积累。

在教学中，我们要教学生用两条视线读书：一条是生理视线，即眼睛的视线，用它准确地接收课本的书面信号；另一条是心理视线，即心灵视线，用它能"看"到一个个意义单位。《杨氏之子》是小学生初次接触到的文言文，虽然行文简洁，不足百字，但古今字义不同，学生阅读起来还是有一定难度的。在教学《杨氏之子》时，我设置了以学生为主体的多种形式的诵读，通过学生自己的拼读、集体纠正读、小组合作互读等形式来反复体会文章语句，学生运用生理视线读书的方式达成了文言文文本的识读及对文章大意的初步感知目标。接着，通过教师的范读、学生的跟读来纠正读错的句子，在练习读中强调重点词语在文中的正确读法与用法。然后在声情并茂、有节律的反复诵读中，学生透过心灵视线，"看"到了"梁国""杨氏子""聪惠""孔君平""设果""杨梅""孔雀"等有实际指向意义的词语，学生在两条视线的诵读中逐步加深了文言文的读法和文本大意的感知，进而产生了与作者一致的心境，获得了真实的、愉悦的审美感受。

三、构建生态语文，让情境创设促进语言文字"活"起来

陶行知在《创造的儿童教学》中曾提出"六大解放"的思想，这"六大解放"是生态语文教学的基石。教师通过情境创设，使学生的情感活动和认知活动有效结合，从而逐步达到知、情、行相统一的教学目标。那么，如何让文本中的文字呈现出生活的画面，让文字"活"起来？在教学中，我们应该提倡学生自己用心去感悟，用嘴巴读一读、说一说，用手画一画、摸一摸，用眼睛看一看，用鼻子闻一闻，用头脑想一想，给学生有联想生活的亲身体验。例如，在儿童诗《我想》的教学中，准备三两枝短小的桃树枝，让学生轻轻摇摆晃动，让他们产生树枝摇曳的感受，然后将树枝贴在纸上，让学生画上几朵花苞、一个太阳、几缕阳光……一幅生动的"桃花图"呈现眼前：鲜嫩的树枝、灼灼的桃花、明亮温暖的阳光……美丽的画面一下子唤醒了学生对春天的迷恋之情，调动了学生的情感体验，对文本理解充满了愉悦感和亲近感。此外，让同学们悠荡起自己的小手，感受桃树枝那种悠得轻松、悠得随意、悠得自由自在的状态，学生一下子就理解了想象赋予大自然活力这一重点，手脑并用，深深地体会到了自然与想象带给人们的美和乐趣，再美美地读完诗歌，升华这种美的情感。

四、构建生态语文，让校本课程建设丰富语言体验与积累

我们依托语文学科的优势，积极拓展学生学习的外延空间，实现课内到课外的有效迁移，为身体"补钙"，为心灵"加油"，为学生优质发展奠定坚实的基础。语文教学担负着积累语言的任务，要积累大量语言材料，我们就要以精读为基础，知其要领，悟其方法；以课外泛读为发展，化为技能，养成习惯。因此，我们以"儿童""自然""诗"三大主题为切入点，遵循学生"学、问、思、辨、行"与"语文知识—语文能力—语文素养"三级台阶的认知发展规律，结合钱敏霞校长"萌"文化的学校教育背景，开展了"生态诗苑"语文特色课程建设与实践研究活动，通过阅读、仿写以自然为主要对象的儿童诗篇，让学生的生活体验与课外读本产生共鸣，不仅丰富了学生的生活感受，而且使学生有了新的语言积累，学生能生动、鲜明地描绘

第三章

自主教育成果展示

自己的所见所闻，表达自己的思想，抒发自己的真情实感。

德国教育家第斯多惠说过："教学的艺术不在于传授本领，而在善于激励、唤醒和鼓舞。"生态语文教学就是走出"教"的境况，实践"学"的艺术。平沙实验小学对生态语文的学习与实践还比较浅显，但只要我们科学地构思，大胆地实践，如果能让生态理念在我们的语文教学中扎下根，长出苗，那么我们的语文教学也定会充满无限生机和无穷的魅力，让学生更好地学习、成长和自我完善，教授者、知识、学习者也定能在生态语文教学环境中和谐共生。

参考文献：

［1］田宝宏.中教育：一位中学校长的感悟［M］.北京：商务印书馆，2015.

［2］窦桂梅.回归教育原点［M］.桂林：漓江出版社，2015.

［3］米春英.小学语文教学中如何培养学生的自学能力［J］.甘肃教育，2019（17）.

［4］缪军.在小学语文教学中如何培养学生的创新能力［J］.新课程（教研版），2015（5）.

［5］关斯文.利用情景教学法将国学礼仪带入语文课堂［J］.汉字文化，2018（14）：81-82.

以吟诵提高小学生品味古诗的能力

教师简介

邱诗梦，入职五年，担任语文教师兼班主任。积极参加竞赛，在镇、区级教学比赛中多次获奖（如教学基本功一等奖）；潜心教研，多篇论文获区级奖，一获市优秀奖，一获省三等奖。性本爱书山，春江花月夜，吟诗且徐行，梦醒见远方。

一、教学问题：装睡的孩子

《义务教育语文课程标准》中的课程目标要求学生"认识中华文化的丰厚博大，汲取民族文化智慧"。第一学段就要求"诵读儿歌、儿童诗和浅显的古诗，展开想象，获得初步的情感体验，感受语言的优美"。

古诗词是中华文学的瑰宝，从小学一年级开始，我们就要学习优秀的古诗词。这些古诗词往往要求记忆背诵。但小学生由于年龄太小，认知能力不足，不少学生背诵、记忆困难。受应试教育影响，古诗考点定位在"背诵"或者"默写"上，因而小学古诗教学出现了"死记硬背"的现象。就算能熟读成诵，也往往因为缺乏生活经验，学生的情感在沉睡，不能理解诗歌大意，不能展开想象，无法体验诗歌中的韵味和情感。长期枯燥的记忆诵读也会挫伤学生学习古诗歌的积极性，更谈不上感受汉语的优美。

二、教学建模：吟诵读书法

1. 吟诵的历史

"莫话诗中事，诗中难更无。吟安一个字，拈断数茎须。"通过吟诵卢延让的《苦吟》，让学生认识到吟诵是中华民族重要的非物质文化遗产。

吟诵既是对汉语诗文的传统诵读方式，也是中国人学习传统文化时高效的方法，它有着两千多年的历史，具有极其重要的社会作用，有着重大的文化价值。

2. 吟诵的方法

《尚书·舜典》中记载："诗言志，歌永言，声依永，律和声。"吟诵读书法是"遵守代代相传的汉诗文的声音规则的读书方法"。

汉语的诗词文赋，大部分是使用吟诵的方式创作的，所以只有通过吟诵的方式，才能深刻体会其精神内涵和审美韵味。吟诵是创设教学情境、营造教学氛围的一种教学手段，将古人的喜怒哀乐转变为一种可以用耳朵感受的情绪氛围。

吟诵的基本规则是平长仄短、依字行腔。吟诵读书法能够最大限度地表现出汉语抑扬顿挫的节奏和变化，让学生感受古诗的节奏美、音韵美。吟诵融合了语文和音乐两个学科，让学生在美妙的音乐中放飞想象，在潜移默化中理解和记忆古诗词。因此，我们致力于研究如何帮助低龄段学生通过吟诵想象理解古诗，感受古诗词的优美，更好地传承中华民族的优秀文化。

在语文课堂教学中，将吟诵作为课外拓展和主旨升华的环节安排在教学活动中。

首先，教师朗读，给学生正音，确保学生能读准诗文的字音，并在熟读的基础上简单理解诗意。

其次，教师示范吟诵，学生认真倾听，感受汉字平长仄短、依字行腔的韵律美。

再次，教师再次示范吟诵，指导学生用约定的吟诵符号来标记汉字吟诵的长短。

最后，学生跟着教师吟诵，吟诵后再品读，谈谈个人对古诗的印象和理解。

三、教学设计：《登鹳雀楼》

以部编版小学语文二年级上册第8课《古诗二首》之《登鹳雀楼》为例。

1. 教学目标

（1）理解古诗，体会诗人描绘的意境，明白站得高、看得远的道理。

（2）有感情地朗读古诗，背诵古诗。

（3）了解王之涣和他的《凉州词》《送别》这两首古诗，并能背诵这两首古诗。

2. 教学重点

朗读、背诵《登鹳雀楼》。

3. 教学难点

理解诗人所要描绘的意境和诗中告诉人们的道理。

4. 教具准备

PPT课件、视频资料。

5. 教学过程

（1）激起兴趣、导入思想。

① 出示课文插图，提问：谁能根据这幅画说一段话或编一个故事？（学生交流）

② 板书"登鹳雀楼"。齐读《登鹳雀楼》。

③ "雀"，怎么读？你怎么记住它？"楼"怎么读？你怎么记住它？（学生交流识字方法）

④ 看地图，解说山西鹳雀楼和黄河的位置。

（2）指导朗读古诗。

① 出示诗人生活背景，了解诗人。

② 课件出示古诗。教师示范读古诗。

③ 哪位"小教师"能上来教一教大家？

④ 出示节奏读，学生按节奏来读。

⑤ 指导学生按平长仄短的规则来读古诗。

⑥ 学生齐读（尝试背诵古诗）。

（3）学习古诗。

① 教师示范吟诵古诗。同学们，你们刚才看到了一幅怎样的画面？（学生自主交流）

② （出示古诗的前两句）诗人看到了什么？"白日"是什么意思？"依"又是什么意思？换个词语来解释一下。

③ （出示古诗的后两句）诗人看到了如此美景，他想到了什么？（学生齐读后两句）"欲"是什么意思？"千里目"又是什么意思？

④ 你能用自己的话把诗的意境描述一下吗？

（4）吟诵品读。

① 教师再次吟诵古诗。学生用吟诵符号标记吟诵最长和最短的地方。

② 声韵分析：仄起五言绝句，平声"尤"韵。

③ 学生边听边学着吟诵，还可以配上自己的动作。你看到了什么？

④ 配乐吟诵，从王之涣的诗中你明白了什么道理？（学生自由谈谈）。

（5）背诵古诗。

（6）课堂小结。

四、精彩瞬间：我会吟诵

以前我喜欢表扬学生："你真棒！棒、棒、棒！"对部分学生还挺管用的，但在小城身上却没有什么效果。有一次，他突然大哭："你是骗我的。同学们说我是傻瓜。"

《如何说孩子才会听 如何听孩子才肯说》告诉我原因，对于缺少自信的孩子来说，空洞的赞赏其效果可能适得其反。赞赏不应该用评论性语言，而应该用具体细致的描述性语言，描述我所观察到的他的变化和我的真实感受。

他认真读的时候，我就抓住机会，不仅要表扬他读书声音响亮，还要用赞赏的语气描述："老师听到你读'白日依山尽'的'依'和'山'时读得特别有趣，你的声音细细的、柔柔的，教师仿佛看到了黄昏的太阳靠着山滑了下去。如果你能把字读准一些就更好了，'山'是翘舌音哦。请跟我读。"

用赞赏的语气唤醒自卑的孩子。小城的眼睛亮了，读得更加起劲。同学们也心悦诚服。

要读准字音，就要读出诗的音韵美。要读出音韵美，就要先分析声韵。这首诗是一首仄起五言绝句，用的是平声"尤"韵。我让同学们注意，第二句诗的最后一个字，读一读，写写拼音，看有什么发现。由于韵脚比较难，所以我直接让学生注意韵脚"流"和"楼"。

学生们不太确定："两个字的拼音都有小'u'？"

"汉语拼音中iu是iou的省写，准确来说，应该是两个字都含有韵母ou，这样说学生们就更明确了。学生们多数会粤语，为了发挥语言优势，我继续引导："谁会用粤语读这两个词语？"

学生们一听可以用自己的方言朗读，兴奋极了大声读道："河流，大楼！"

我追问道："你又发现了什么？"

学生们齐声说："粤语发音相同！"

"在粤语中还有一个字发声更加明显，它就是'尤'，'尤'韵发音绵长。口型渐渐合拢，请跟教师吟诵：尤——流——楼——"学生们兴高采烈地跟我练习韵脚的吟诵。

我继续给学生们吟诵。学生们一句一句地吟诵。小城小脑袋一点一点的，嘴巴也一张一合，但是没有声音。这对于他来说，难度有点大了。但他和其他同学一样摇头晃脑，沉浸在古诗的世界中。

"在吟诵古诗的时候，你看到了什么？又想到了什么？"

"我仿佛看到了诗人登上了鹳雀楼。"

"'登楼'在古诗中一般都是忧愁之意，你能吟诵出诗人登楼的忧愁吗？"

"我看到太阳落山了，天快黑了，黄河流入大海！"

"李商隐说：'夕阳无限好，只是近黄昏。'太阳下山了，天要黑了，时间过得真快呀，我们不能在外面玩了。""你的心情是怎样的呢？"

"好可惜呀！"

"李白叹息：'黄河之水天上来，奔流到海不复回'！黄河那么壮观，但流入大海就不能回来了。""你的心情又是怎么样的呢？"

"有点舍不得。"

"舍不得什么？""舍不得太阳，舍不得黄河。"

"诗人舍不得灿烂温暖的白日，舍不得奔流壮观的黄河，舍不得这壮丽山川和美好时光。你能通过吟诵把诗人的舍不得之情读出来吗？"

学生们站起来，比画着小手，用颤颤的童音轻轻地吟诵，仿佛穿越了时光……

学生由于生活经验不足，语言表达能力不够，不能用语言准确地描述自己的感受，但那流畅的吟诵表达了他们对古诗的品位和理解。

五、教学展望：授人以渔

"授人以鱼，不如授人以渔。"

教给学生学习方法，帮助学生自主学习、学会学习，是核心素养的重中之重。吟诵是一种读书法。上课的时候，学习古诗尽量安排吟诵环节，用吟诵的声音打开孩子的心窗，激发他们学习古诗的兴趣。此外，还要举一反三，给学生创造迁移运用吟诵读书法的机会。例如，吟诵自己的姓名、新学的韵文等。

当学生课后主动要求学习古诗的时候，孩子的学习兴趣已经被激发出来。当学生试着用自己的调子去吟诵新学的古诗韵文时，他们就已经学会用吟诵读书法去品读、去感受古诗的音韵美和意境美了。一颗颗品读古诗的种子已经开始发芽。

参考文献：

［1］方玉润.诗经原始［M］.北京：中华书局，1986.

［2］陈少松.古诗词文吟诵［M］.北京：社会科学文献出版社，2002.

［3］唐红波.心理学［M］.广州：广东省语言音像电子出版社，2009.

［4］扈中平.现代教育学［M］.北京：高等教育出版社，2010.

［5］［美］阿黛尔·法伯，伊莱恩·玛兹丽施.如何说孩子才会听 怎么
　　　听孩子才肯说［M］.安燕玲，译.北京：中央编译出版社，2012.

［6］刘德儒.教育中的心理效应［M］.2版.上海：华东师范大学出版
　　　社，2012.

［7］周小蓬，陈建伟.语文学习心理论［M］.北京：语文出版社，2013.

［8］徐健顺，陈琴.我爱吟诵［M］.桂林：广西师范大学出版社，2015.

［9］吕君忾.格律诗词之粤语吟诵［J］.中国诗歌研究动态.2009（1）：
　　　116-122.

让学生在游戏中掌握语文学习的方法

教师简介

　　吴敏敏，从教两年，一直担任低年级的语文教学。在教学实践中，她变着法地让学生对语文产生兴趣，爱上语文。在不断的摸索中，她渐渐形成了自己的教学理念：高效＝（玩＋学）×方法。在教学实践中，她逐渐形成了自己的教学主张——游戏语文。她将游戏和竞赛融入每堂语文课，让学生在有限的课堂上尽情地玩，有方法地学，让课堂迸发出新的生机与活力！

　　游戏语文，是指让学生在教师精心设计的游戏中感受到学习语文的乐趣

和开拓学生的思维，从而促使学生在玩中掌握学习语文的方法。

美国教育学家杜威认为，教学的任务不仅在于教给学生科学的结论，更重要的是要促进并激发学生的思维，使他们掌握发现真理、解决问题的方法。但目前很多语文课堂缺失生机和活力，没有积极推动课堂改革，依旧沿用传统的教学模式，儿童的天性难以释放，导致不少学生从小对语文课堂失去兴趣，语文课黯然失色。我们应该让孩子的天性成为珍贵的学习助力，使教学符合儿童天性的发展。我国著名的教育学家陈鹤琴先生说："小学生生来是好玩的，是以游戏为生命的。"因此，我认为，低年学段的语文教学应着重儿童兴趣的培养，释放儿童的天性，回到生命的本真。游戏语文符合儿童客观的成长规律，能焕发课堂光彩。

自参加工作以来，我一直担任低年级的语文教学。在两年的教学实践中，我了解到低年级学生的特点：注意力易分散，专注时间短，思维较发散等。根据学生的年龄特点和心理特征，我拒绝传统的"满堂灌"课堂模式，而是将游戏和竞赛贯穿到每堂语文课。我用童言童语和学生做朋友，我把鼓励送给每个学生。出乎意料的是，这样看似"不务正业"的语文课堂却受到了学生的青睐，且收到了一定的教学效果，极大地提高了课堂效率。这让我更加坚定游戏语文在低年级的可操作性。以下是我的操作方法：

（1）观察学生，了解每个学生的特点和爱好。

（2）根据学生的特点和爱好，设计学生喜欢的游戏，并将本课的知识点有机地与游戏相融合，如"青蛙跳伞""走迷宫""大闯关"等游戏适合生字词的学习；"角色扮演""我是小演员""大变身"等游戏适合课文的学习等。

（3）小组合作与竞赛。我班实行"段位赛"，把学生有机地分成若干个小组，每个小组都有不同层次的学生，组成"命运共同体"，小组成员共同接受奖励或惩罚。我把竞赛贯穿到每堂课，既培养了学生的集体意识和竞争意识，又带动全班的进步。

（4）鼓励要及时。不吝啬对学生的夸奖和赞美，奖励要及时，推动学生往积极的方向发展。

我在教学实践中，真切地感受到游戏语文的乐趣。学生们在玩中学、学中玩，让语文教学与儿童的天性相合作，让课堂迸发出新的生机与活力。

我的教学主张——小学数学，结合生活经验的教学应用

教师简介

彭世坤，毕业于广东技术师范大学，现就职于珠海市平沙实验小学，任教小学数学。获奖及荣誉情况：2018年度高栏港区"新教师培训"执教"应用比例尺绘制平面图"示范课，2018年度香洲区教育科研培训中心执教"数学远程互动协同课""平行四边形的面积"示范课，2019年度广东省"一师一优课、一课一名师"活动"比例尺"获得区优秀奖，2021年度校办联盟青年教师优质课大赛"比的基本性质"获二等奖。

一、生活经验对小学数学教学的启示

（1）生活经验教学能转变学生对数学的偏见，甚至会热爱数学。学生虽然掌握了一定的生活经验，但是不知道其中的数学原理，所以要利用学生的好奇心激发他们的内在驱动力，激发学生主动学习的强烈欲望；生活化的教学在课堂上更容易被学生理解和掌握，学生想要迫切掌握其中的原理，注意力会加倍集中；学生掌握后能体验到成功的喜悦，增强他们学好数学的信心，久而久之他们不再畏惧数学，甚至会热爱数学。

（2）生活经验教学能让课堂教学效率得到较大的提升，加快学生对知识点的理解。新课程标准指出：学生是学习的主体，教师是学习的主导。在实际教学中根据班级整体学习情况、教材内容去分析，无论在哪一种情况下，无疑最贴近学生的就是他们的生活，从这方面入手，课堂效率会有较大的提升。当然，时代在进步，我们应该跟上时代的步伐；学生并不是一成不变的，在这个大数据时代，他们的眼界可能比我们还要开阔，如果不想被淘

汰，作为教师的我们应要求自身不断地去学习，这样才能更加吸引学生。例如，在教学分数时，课本引用古代金字塔作为例子，在讲授过程中涉及金字塔的知识内容，能够更加吸引学生的注意力，提高课堂学习效率。

（3）生活经验教学能影响学生的数学思维，使学生以后的人生受益匪浅。数学中许多抽象的概念难以用语言表述，而生活经验的教学能够让学生体会到抽象和具体之间的一种联系，这种联系把抽象转化为具体；在课堂上运用各种生活化手段教学，鼓励学生去动手实践，感受学习数学的趣味，日复一日，学生将会产生一种不服输的精神，对生活有一种始终不放弃的热忱。

二、利用生活经验进行小学数学教学的措施

（1）生活经验体现在小学数学的教学内容中。对于大部分小学生来说，学习数学是困难的，因为学习数学知识像建房子一样，基础不仅繁多更要打好，而且内容环环相扣，有着非常强烈的逻辑性，仅仅依靠传统教学模式"满堂灌"是很难让所有学生都学会的。在课堂上，教师要激发学生的学习兴趣，必须把生活与数学相结合，提高学生对数学的理解能力，把生活中所见到的和所接触到的东西转化为数学内容，引发学生思考。

例如，教授"可能性的大小"，让学生拿出五支红笔和两支黑笔，放在密封的盒子里，然后随机抽一支笔出来，学生更能感悟到数量多的笔抽出的可能性就大，数量少的笔抽出的可能性就小，但还是有可能抽到数量较少的黑笔。学生在这个过程中把抽象的可能性转化更具体、更形象的笔的数量，理解了可能性的大小，更容易掌握这部分教学内容，印象更深刻。

（2）生活经验体现在小学数学教学形式中。小学数学教学要实现生活化，不仅可以在教学内容方面实践，还可以运用在数学教学形式方面。教师在课堂上多采用一些生活化的教学形式，在教学方式上多融入一些生活化的元素，从而建立起一个真实的教学情境，让学生的数学学习过程更加真实、立体。首先，教师可以利用多媒体放映生活化的图片、视频等进行课程导入，并利用多媒体技术进行知识讲解。其次，教师还可以利用其他形式创设

一个生活化情境，如让学生进行角色扮演来进行数学教学。

例如，在教授学生"小数加减法"时，可以模拟实际生活中去买作业本的场景：让两个学生分别扮演文具店店员和顾客，顾客在文具店买了3本笔记本和1支钢笔，笔记本是0.5元一本，钢笔为3.2元一支，顾客给店员20元，然后让学生计算顾客花费多少元，店员应该找给顾客多少元。这些情境真实地发生在学生的身边，学生专心致志地听课，产生浓厚的兴趣后就会在这个过程中开动脑筋、努力思考，积极参与这节课的学习。

（3）生活经验体现在小学数学课后作业中。教师可以利用生活化的方式进行小学数学作业的布置和安排，以让学生通过自我实践和研究实现对数学知识的巩固和复习。因此，教师应该改变传统的布置作业的方式，让学生手脑并用，以更好的学习状态去完成数学作业。

例如，在教完学生"小数乘整数"后，教师给学生布置了一项关于生活的数学作业：翻看自己的语文、数学、英语课本后面的价格，在义务教育阶段，祖国为我们班级三科的课本一共花了多少钱，又为整个年级花了多少钱。这样的数学作业更能让学生体会到国家的强大和兴盛，学生也会更加有兴趣地完成作业；在完成作业的同时，也能提升学生的爱国情怀。

（4）教师的生活化教学。俗话说："给别人一杯水，自己要有一桶水。"在整个小学数学学习的过程中，教师作为学习的引导者，必须全面地对小学数学生活化教学有深刻、透彻的理解；在生活中需要有善于发现的眼睛和善于分析的头脑，将生活化教学思维带入自己的生活中，用数学的眼光去审视周围的一切，使课堂上的情境创设更加真实和恰当。

在新课程改革的不断推进和深化中，小学数学教学的生活化趋势越发明显，必然会成为未来小学数学教学中的重要模式。小学数学教师应该积极思考和研究，如何将生活化教学模式更好地运用到自身的教学工作中，以提高数学教学工作的质量和水平。

经历数学、体验数学、理解数学

教师简介

　　陈世堂，2016年毕业于广东技术师范大学，一直任教于珠海市平沙实验小学，担任过班主任、级组长职务。数学教学风格风趣幽默，深受学生喜爱，在学校多次承担校内公开课，并且多次在区统考中成绩名列前茅。他的课获得2019年"一师一优课"省级优课，他撰写的论文获得过广东教育学会教育评价专业委员会二等奖、区二等奖，辅导的学生参加区口算速算比赛多次获得一、二等奖。

　　我希望在小学数学课中，能为学生提供一些和我小时候类似的经历与机会，使他们获得一些有重要价值的、印象深刻的经验、体验和经历。

　　因为经历就是人生，我认为，数学教育是学生人生的一部分，数学教育不是为了让学生背一个个的定理，记一个个的结论，而是要让学生有一段研究数学的经历。我希望，在数学课堂上学生能亲历科学性的探究活动，在活动中获得相关的知识与技能。同时，因为经常依照数学方法从事探讨与论证，让学生养成数学的思考习惯和运用数学知识与技能解决问题的能力。所以，我们提出：不是讲数学、念数学、看数学，而是要做数学，提倡"做"，在做中学知识。讲是加强的，是灌输！做了，亲历了，才能加强自己的理解。

　　我们不在乎学生学到了多少数学知识，我们在乎的是学生在经历的过程中，脑子里是怎么想的，对自己行为的理解，才是最重要的知识。像这样一种发现学习的"经历"，对于学生来说是十分重要的：它培养了学生的探索技能、分析和自我反思的能力、与别人交流看法的能力、搜集和整理信息的能力，以及思想的开放性、对事实的尊重、愿意承认不确定性、

第三章　自主教育成果展示

批判地思考，并保护学生的好奇心，等等。这些品质只有在这样的"过程"中，通过这样的"经历"才能形成，这种品质不是通过讲授和接受能力习得的。

当然，现在我们在数学课堂上也能看到许多热闹的场面，但在对这些活动进行分析和研究之后，就会发现当下的这些活动普遍存在一种倾向——"思维不足"——学生在热闹的活动结束后，头脑依然是一片空白，他们在知识和能力上并没有得到真正意义上的提升，就如同小猴子，摘了桃子，掰了玉米，抱了西瓜，追了兔子，可归来时却两手空空，同样是经历了，为什么没有收获呢？原来，真正的学习并非发生在学生的身上，而是发生在他们的脑袋里。基于这样的现状，我主张经历数学、体验数学、理解数学。

学习数学的目的是亲近数学、运用数学，使自己的生活更数学。因此，活动的内涵要深，要着眼于学生的发展设计活动，要追求这样一种境界——每一堂数学课要像"一块石头投在一片平静的池塘里，会产生一圈一圈的涟漪"，通过活动，让学生理解数学，要让学生树立一个这样的观点：数学不是书本，不是权威，而是人们对日常生活中各种现象的解释，这些解释因人而异，有的需要经过反复的印证。

总体来说，经历数学是数学教学的手段，就是让学生去做一个个有典型意义的探究活动；体验数学是科学教学的重点，要让学生在体验中感受数学的趣味和奥秘，以激发学生的探究兴趣和热情；理解数学是数学教学的目的，数学教学就是领悟数学的思想观念、领悟数学家们研究自然界所用的方法，最终让学生用数学来指导自己的生活，理解数学实际上是价值观层面上的要求。

让学生愉快地学习英语

教师简介

陈慧珍，中共党员，本科学历，小学英语一级教师，高栏港区小学英语教学核心团成员，高栏港小学英语骨干教师。从教十八载，曾获区优质课一等奖、说课一等奖、教学设计一等奖、珠海市教育论文三等奖，编排的话剧获得珠海市一等奖。辅导学生参加省、市、区的各种比赛均取得了优异的成绩。同时，近年在辅导区、校青年教师方面喜报频传，屡创佳绩。

一、N——New 新颖的

教学方式不能一成不变。传统的教学手段，都是实施"满堂灌""一人言"等"填鸭式"的教学模式，把学生当成知识的容器，复制成一批批毫无个性的"书呆子"。一支粉笔一本书、加上图片和录音机已经是绰绰有余了，有时为了赶进度，连图片和录音机也被赶出了门外。教学就成了教师讲、学生读，教师写、学生抄的枯燥乏味的读写课，使生性活泼的小学生深感学习英语的"艰辛"。

因此，在现代英语教学中，教师必须立足于课堂，将"以学生为主体，以主题为线索，以活动为中心"贯穿于英语教学的全过程，巧妙地寓英语学习于生活体验之中，变传统的教学方法为科学的教学方法，从训练自身的创新角度使学生从死记硬背的条条框框到拓展思维、开拓创新、自主学习；从迷信教师的权威到挑战教师的思维；从被动地学到乐学、爱学、愿学，鼓励学生勇于创新，勇于"打破砂锅问到底"。关注学生的情感，激发学生的学习兴趣，促使他们不断学习新知识，形成新技能、新概念。教师只有不断更新教学理念，勇于尝试新的教学模式、教学手段与教学方法，才能让学生时

第三章 自主教育成果展示

刻保持学习的热情与主动，大大提高学生学习的积极性。

二、I——Interesting 有趣的

英语是一门非常重要的学科，处于基础阶段的小学英语教学更是重中之重，然而英语毕竟不是我们的母语，因此学生对英语有一个认识的过程。小学生年龄小，贪玩好动，对一切事物都充满好奇心，对英语也是如此。初次接触英语，学生凭着好奇心会产生一种想学习的意愿。如何在小学生刚刚接触英语时满足他们的好奇心，牢牢地吸引其注意力，使学生由最初对英语的好奇与向往转化为持久的学习动力呢？教师要让小学英语课生动活泼，让学生感到有趣。苏霍姆林斯基说过："所谓课上得有趣，就是说学生带着一种高涨的、激动的情绪进行学习和思考，对面前展示的真理感到惊奇甚至震惊；学生在学习中意识和感觉到自己的智慧力量，体验到创造的欢乐，为人的智慧和意志的伟大而感到骄傲。"

有趣对教师的"教"与学生的"学"同样重要。教师通过组织有趣的课堂活动，设计有趣的作业，组织更多有趣的主题学习，把整个英语学习变得更有趣；学生在有趣的课堂中自主学习知识，积极主动地完成有趣的作业，有创意地参与到教师布置的各种学习任务、活动中。有趣，让教师的教变得更有期待，让学生的学变得更加高效。

三、C——Creative有创造力的

创造力是人们进行创造活动的一种特殊能力，是个体创造性的最好表征。创造力也是反映个体在解决问题时对原有知识经验进行有效加工、组合、创造新设想及新事物的能力。创造力的培养不仅有利于学生充分地表现自己，展示自己的才华，而且有利于其创造精神的形成。因此，在小学英语教学中要注重学生创造力的培养。学习不是单纯地死记硬背，社会的发展需要的是更多有创造性的个体。因此，我们不但需要培养学生从小爱思考的习惯，更要让他们从小就拥有爱创造的思维与习惯。作为教师，我们要在平时的课堂教学中对学生进行训练，如我们可以利用Free Talk激发学生的创造思维，通过游戏等方式激发学生的创新思维。

四、E——Effective 高效的

我们不能单纯地认为学生是一块被动的、空洞的、等待吸纳水分的海绵，而应是一棵从外部汲取水分、阳光、氧气，发生光合作用后，主动发育成长的小草和幼芽。学生是一个有机的主体，他们不是空洞地走向课堂，他们总是以原有知识和经验为生长点，不断滋生出新的知识和经验的网点。新课改之前，我们的课堂教学处于一种误区。重教师讲授，轻学生能力与创新思维的培养，即使英语基础知识和基本技能好的学生和学习态度端正的学生，也存在英语综合运用能力不强、兴趣不浓的问题，这种状况何谈高效课堂呢？

我浅显地认为应从以下几个方面提高课堂的效率：①创建和谐、平等的师生关系；②组织有趣、丰富多彩的课堂教学；③作业要做到有创意、有吸引力，张弛有度、劳逸结合，不做"无用功课"；④鼓励学生并让学生认识到学习的主人是自己，只有真正投入到学习中，喜欢学习、乐于学习，我们的英语学习才能变得更加高效。

我表演，我快乐

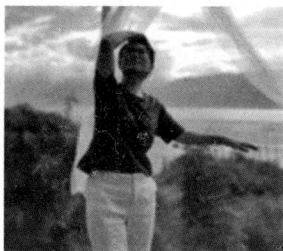

教师简介

叶丽玲，从事教育事业十八年，一直担任班主任工作。在教学中，她潜心研究课标、钻研教学教法，不断提高教学水平和业务能力。她提出的"我表演，我快乐"教学主张，获得显著的教育教学效果。她申请的省级课题"在小学英语教学中开展自编小剧表演的研究"于2018年11月结题，并获得广东教育学会第五届教育科研规划小课题研究成果三等奖；论文《浅谈小学英语教学中的自编小剧表演》获广东教育学会2019年度学术讨论会论文评选三等奖；论文《浅谈自编小剧表演在小学英语教学中的作用》在《新东方英语》刊出。叶丽玲在2019年获得"珠海市先进教师"荣誉称号。

《英语课程标准》中指出："英语课程要面向全体学生，注重素质教育。课程特别强调要关注每个学生的情感，激发他们的学习兴趣，帮助他们建立学习的成就感和自信心，使他们在学习过程中发展综合语言运用能力，提高人文素质，增强实践能力，培养创新精神。"我认为，在课堂教学中，在教师适当的指引、帮助下让学生以小组为单位通过小组合作探究，鼓励学生创设丰富的、有趣的、贴近真实生活的交流情境，将课文的故事改编成短剧，并自编自演生动地呈现出来，这种教学方式使每个学生都有参与和交流的机会，能有效地激发和培养学生学习英语的兴趣，加强学生主动运用英语的意识和使英语的口语能力能得到提升，培养了学生合作探究的能力和创新精神。

案例描述：

上课铃响了，我用激动的口吻开场："今天我们高兴地迎来了五（2）班奥斯卡杯英语课文剧改编比赛——第三单元Dates 的比赛。各个表演小组，你们都准备好了吗？"学生们兴奋地答道："Yes.We are ready." "That's great. Which group first？"我微笑着问。"Let me try！" "Let me try！"学生们争先恐后地喊道，各个小组已经跃跃欲试了。我赶紧点了一个小组："下面让我们的Champion Team先为我们带来精彩的表演吧！"Champion Team的组员一听，高兴得跳起来，连忙戴好头饰并把准备好的表演道具带到舞台（讲台前的空地在每次小剧比赛时用作临时舞台）。这时组长潘浩桦开始报幕："我们Champion Team这一单元故事改编的导演是我，李玟锋饰Gogo；黄琳婷饰Grandma；潘浩桦饰Tony；黄静丽饰Jenny。下面请大家认真欣赏我们组的表演。"以下是Champion Team的精彩演出：

情境1：道具闹钟铃铃铃地响起，在Jenny的卧室。

Tony：Jenny, Jenny. It's time to get up.

Jenny：What day is it today?

Tony：It's Sunday. It's Gogo's birthday.

Jenny：Really?

Tony：I have an idea. Let's have a party. **I'd like to invite Gogo's mom and my grandma to come to the party.**

Jenny：When?

Tony：At 19：00.

Jenny：Where?

Tony：At my home.

Jenny：OK!

情境2：

趁Gogo没睡醒，Jenny and Tony登上了Gogo的飞船，去邀请Gogo的妈妈参加Gogo的生日派对。

Tony：Hello, Gogo's mom.

Gogo's mom：Hi, Tony.

Jenny：Do you know what's the date today?

Gogo's mom：I know. Today is Gogo's birthday.

Tony：**That's right. We will have a birthday party** at 19：00 o'clock at my home.

Gogo's mom：OK!

Tony and Jenny：Goodbye!

Gogo's mom：Goodbye!

情境3：在Gogo的卧室。

Tony：My good brother. What do you want?

Gogo：I want a toy bear.

Tony：OK!

情境4：去Gogo's grandma家，邀请Gogo's grandma参加Gogo的生日派对。

Tony：Grandma, do you know what's the date today?

Gogo's grandma：I don't know.

Jenny：Today is...

Gogo's grandma：I know. Today is your birthday.

Jenny：No.

Gogo's grandma：When's your birthday，Jenny?

Jenny：My birthday is on June 21st.

Gogo's grandma: Is it Tony's birthday?

Tony: No. It's not my birthday. It's Gogo's birthday. **We'd like to invite you to come to Gogo's birthday party.** At my home at 19: 00.

Grandma: OK!

情境5：Gogo来到Tony家，灯突然被打开。

Gogo: Whose birthday party is this?

Together: It's Gogo's birthday. Happy birthday, Gogo.

唱生日歌，插爆气球，撒礼花。

Jenny: **Your birthday present** is a toy bear. Here you are.

Gogo: Thank you!

（注：上文中粗体有下划线的句子是学生在教师、电脑或字典的帮助下写出的）

Champion Team小组表演完毕，他们得到了其他学生如雷鸣般的掌声，同学们纷纷评论道："他们组的小剧中有用到这单元的重点句子。""表演很生动，表情丰富。""演员声音响亮，我能听清他们说的每句台词。""黄琳婷演得很像老人家。""他们复习了旧知识。""他们组员之间能够团结合作。"我抓住契机进行了总结："对！在他们组的表演中，我们可以看出这个小组非常团结合作，课前已将剧本和道具准备得非常充分。表演过程中他们不仅复习了旧知识，如句型'What day is it today? what's the date today? What do you want? When's your birthday?'，还拓展了新知识，如invite（邀请）、present（礼物）等词汇，还有'I'd like to...'等新句型，并能创设出不同的情境，运用这些新旧知识把自创的小剧生动地呈现给我们，让我们享受到观赏的快乐，真是太棒了。"说完我向Champion Team小组投以赞许的目光，其他小组则报以热烈的掌声。

附：教材原故事内容

In the park...

Gogo: It's a birthday party! Grandma, what's the date today?

Grandma: It's March 4th.

Gogo: Hey, Jenny! When's your birthday?

Jenny：It's August 7th.

Gogo：When's your birthday, Tony?

Tony：It's October 20th.

Grandma：When's your birthday, Gogo?

Gogo：Er...It's today.

Grandma：Oh, Gogo.

上面这个案例中的学生现在已读六年级了，案例中所出现的自编小剧是他们读五年级第一学期时的作品。我从三年级开始担任这个班的英语教学工作，在他们读三年级的时候，我只要求学生表演课文中的原故事，到四年级时我就开始鼓励学生以小组为单位，组内成员合作将课文的原故事改编成自己组的英语小剧，到了四年级第二学期各个英语小组就已经能通过小组合作探究，独立完成改编小剧的任务，并能兴致勃勃地表演出来。我把自编小剧这种教学方式用在小学英语教学中，大大提高了学生学习英语的兴趣和热情，让学生在玩中演，演中学，让"演" 成为"玩" 与"学"之间的坚实桥梁，使学生自由穿梭于"玩"与"学"之间，并收获了丰富的英语知识。

一、教材资源为自编小剧表演提供了有利条件

我们现在使用的教材是广东版开心英语教材，这套教材每个单元都有一个故事，小故事题材是围绕本单元的主题和句型展开的。因此为学生提供了原素材（原剧），这有利于学生围绕原剧展开改编活动。活动形式表现为"小组"活动，教材通过一单元一个小故事的形式展示，让学生有一个展现自己的舞台。在学生熟悉原课文的情况下，让小组成员合作改编，创作出自己组的新剧并分角色表演出来，从而为学生创造了一个学习英语的语言环境，发挥学生自主合作和探究学习的作用。

二、新课程标准为自编小剧表演提供了理论依据

《英语课程标准》中"面向全体学生，突出学生主体，采用活动途径，倡导体验参与"的理念为自编小剧表演提供了理论依据，新课程标准

特别强调通过学生"能够用英语做事情"来体现学业成就感，倡导让学生在教师的指导下，通过感知、体验、实践、参与和合作等方式，达成目标，感受成功。在学习过程中进行情感和策略调整，以促进学生形成积极的学习态度，促进学生语言实际运用能力的提高。将原故事改编成自编小剧时，各小组学生需要合作、创作、思考和扮演等，而这些活动既有吸引力，又有挑战性，它拓宽了学生用外语思考的空间，营造了灵活使用语言的氛围，满足了小学生的表演欲，逐渐培养学生综合运用英语的能力、自主学习的能力和创新精神。

我进行了十年的英语自编小剧表演教学实验，发现学生以下四个方面的能力有了很大的提高，获得了显著的教学效果。

1. 学生的自信心得到极大提高

小学生生性好动，喜欢模仿，爱表演。自编小剧表演为他们搭建了表演的平台，学生在自己设计的情境中尽情展示了才华，每个学生在情境中各自扮演了不同的角色，能力较强的学生担当了情境中的重要角色，学习暂时有困难的学生担当配角，每个人争当学习的小主人，享受到了成功的快乐。在适当的时候我会给予他们帮助，刚开始有些学生扭扭捏捏，表现得比较害羞，不敢站在全班同学面前表现自己，但经过一段时间的锻炼，绝大部分小组的学生都能从容不迫、满怀信心地走向舞台，表现自如，很少有学生会怯场，学生的自信心得到极大提高。

2. 合作探究能力得到不断巩固和发展

合作探究是当前新课程所倡导的学习方式，它的价值在于通过合作，实现学生间的优势互补，因为每个学生都有各自的个性、长处和短处，教师要合理地选择合作契机，为学生提供合作学习的内容，让学生在合作中求得互动，在互动中达成互补。因此，我在教学中经常鼓励学生充分发挥小组合作的作用。将原故事改编成自编小剧时，各小组学生就需要大量的合作和讨论。在每一次的自编小剧中，如何创设情境，小组分享，小剧表演，角色的分配和道具的准备都是一次合作探究能力的训练。自编小剧表演能很好地培养学生的合作探究意识，激发学生自发合作的欲望，培养学生间团结协作的精神。

3. 创新能力得到不断培养和提高

新课标理论认为，"每个人身上都蕴藏着巨大的创新潜能，教育的任务就是把创新潜能变成外在的、现实的创造能力"。也就是说，人人都可以创新。我们要让学生觉得上课就意味着创造，而创造就意味着成功和取得成就。在自编小剧表演的教学中，我充分发挥引路人的作用，让学生在感受课文的内容、意义的基础上，结合自己的生活经验，对原故事进行创造性的发挥，创设各种模拟的或真实的语言情境，我们可以欣赏到很多经过学生思考的、自创的精彩小剧。让学生在自编小剧情境里练习各种交际活动，学会使用英语，在交际中掌握语言，这不仅能拓展学生的思维，还可以使学生的创新能力得到不断培养和提高。

4. 日常会话能力得到不断提高和拓展

在自编小剧表演教学中，学生因为每单元都有表演、改编、创造小剧的任务而坚持下来，学生的字词、语法知识得到了落实，英语口语得到了发展，综合语言运用能力得到了提高，这样一来，学生的日常会话能力得以不断提高。

自编小剧表演这种学习方式，能很好地培养学生的合作探究能力和创新能力。作为教师，我们要培养的是知道到哪里去寻找自己所要的知识，以及如何利用这些知识进行再创造的学生，而不是培养只会模仿不会创造的学生。只有不断挖掘学生的创新潜能，才能让学生把创新潜能变成外在的、现实的创造能力，才能实现学生主动发展的最终教育目的。

附：**教学建模和教学设计**

Teaching Plan for Conversation of Unit Seven

Taught by：LiLing Ye of Pingsha experimental Primary School

I. Teaching Content

Conversation, Unit Seven, Friends with English, Book 6, P37.

II. Teaching Aims

1. Knowledge Objects:

Students are able to read and understand Conversation.

Words：hurt, be careful, dig, them, easy, well, Don't worry.

The sentence structures:

A: What's the matter?

B: I have/hurt ...

A: You should...

2. Ability Objects:

(1) To enable the students to talk about health problems and give advice with the language points.

(2) To foster students'abilities of communication and their innovation.

3. Moral Objects:

(1) Help the students learn how to talk about health problems and give advice on that with the language points.

(2) Teach the students to give good advice when someone needs help.

III. Teaching Key Points

1. To enable the students to read and understand conversation.

2. To enable the students to use the new words and sentence structures in the real situation.

3. To develop the students'interest in English.

4. To enable the students to study in groups and cooperate skillfully.

IV. Teaching Difficulties

How to talk about health problems and give advice on that with the language points.

What's the matter?

I have/hurt ...

You should...

V. Teaching Methods

Communicative approach and Computer-Assisted Instruction are to be used in the course of this lesson. And I will try my best to limit TTT, that is, limit Teacher Talking Time and increase STT, that is, increase Student Talking Time.

So during this lesson, I will use the following teaching methods:

1. Student-centered teaching method.

2. Task-based teachingmethod.

3. Activity-based teaching method（individual work; pair work; group work; class work）.

Ⅵ. Teaching Aids

A projector, multi-media computer, powerpoint.

Ⅶ.Teaching Procedures

Step1. Warming – up & Revision

（1）Read the words and notes of Unit Seven.

（2）Two minutes free talk.

（3）Little teacher checks the talk.

Step2. Presentation

（1）Check preparation.

（2）Have students share their preparation in groups then invite some groups to write down the key points on the blackboard.

（3）Little teachers introduce the key points for the students.

（4）Let the students read the key points on the screen.

（5）Watch the flash of conversation, then ask and answer questions about it.

（6）Have the students read the conversation together.

Step3. Extension Activities

（1）Sing a song *Doctor, Doctor*.

（2）Give some minutes to the students to practise their new conversations they have prepared in groups.

（3）Invite some groups to perform their new conversations in the front.

Step4. Conclusion

Free talk：What do you learn from this lesson?

Step5. Homework

（1）Read the conversation after class.

（2）Practise your new story in groups.

自主教育成果展示

参考文献：

[1] 中华人民共和国教育部.英语课程标准［M］.北京：北京师范大学
　　　出版社，2011.

[2] 宋桂月，金莺.英语课程标准教师读本［M］.武汉：华中师范大学
　　　出版社，2003.

[3] 郭思乐.教育走向生本［M］.北京：人民教育出版社，2001.

培养小学生的责任心

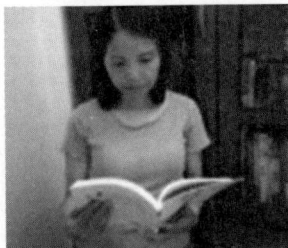

教师简介

　　黎春兰，平沙实验小学语文教师，2011年度高栏港区优秀班主任；多次获校级"先进班主任""优秀中队"荣誉，2015年所带的班级推荐参加市级"广东省少先队先进中队"遴选。从教以来，所撰的教育教学论文多次获得省、区、市、校级奖励，多篇在报刊上发表。

　　小学生可塑性强，他们不仅学习自觉努力，勤于思考，作业认真，也有行为自觉意识，更乐于接受和承担任务，并自觉努力地完成任务。那么，该如何培养学生的责任心呢？

一、以身作则，充当学生楷模

　　"说千言道万语，不如做个好样子。"一位有工作责任心的教师，会给学生留下深刻的印象，自然会成为学生的楷模，学生的责任心会在教师潜移默化的影响下逐步增强。记得我刚接手这个班时，教室的卫生很糟糕，令我非常头疼。起初，我只要踏进教室的门就环顾四周，发现地上有垃圾，弯腰捡一下；课桌椅歪了，动手移一下；讲台脏了，用抹布擦一下；作业本乱了，着手整理一下……渐渐地，我发现教室里的卫生情况有

所好转：课桌摆放整齐了，讲台干净明亮了，本子也码放整齐了……后来，我组织学生召开了一次"我是班级的一员，我该做些什么"的主题讨论会。班级成立了"小小服务岗位"，每个学生都有自己的岗位，定期考核，如果不合格就"下岗"。这样，每个学生的肩膀上都担了一份责任，他们互相督促，共同承担起了班级中的劳动任务。从此，学生都养成了"伸伸手、弯弯腰、捡捡纸"的好习惯。我的以身作则，不仅使学生加强了"保洁"的意识，更重要的是培养了学生的责任心，让他们真正理解了"班级是我家，责任在大家"的含义。

二、着眼课堂，培养良好习惯

课堂教育具有"滴水穿石"的作用，教师应该在课堂教学中抓学生学习习惯的培养。"做好每一件平凡事"是我努力的方向，同时我也要求学生从平凡的小事做起，认真参加每一次活动，上好每一节课，回答好每一个问题，做好每一次作业，订正好每一道错题，说好每一句话，甚至写好每一个字。可见认真的学习态度正是学生责任心的表现。

对于班中特别调皮、自制力差的男同学，我要求他们在每节课后向我报告自己和周围同学的纪律情况，让他们负责周围同学的上课纪律。一段时间以后，在课堂教学中我不厌其烦地"反复抓、抓反复"，培养学生上课主动学习的责任心，现在学生上课逐渐自觉了、稳定了，视上课专心听讲为己任。当有教师选我们班上公开课时，我告诉大家这是对我们班的信任，也是平时同学们上课遵守纪律、积极发言的责任心换来的。

三、借助活动，树立责任意识

学生的学习生活往往因为有了丰富多彩的校园活动而更有趣。学生在活动的参与和竞争中，学会了表现自己，达到了培养责任心的目的，从而为班级争取到了更多的荣誉。学校开展"校园体育节"的活动，通过筛选，确定班级参赛的运动员后，我鼓励他们刻苦训练，为班级争光。运动员们都非常积极，不仅利用体育课和课余时间不断练习自己参赛的项目，还与体育教师积极探讨。有一名女生，个子比较矮，身体也瘦弱，她自愿报名参加了400

第三章 自主教育成果展示

米的竞赛。在赛场上，小小的她挤在队伍里，显得很弱小，但是她不断地努力，汗流浃背地一直跟着前面的同学，最后她获得了来之不易的第四名。虽然是第四名，但这是她责任心最好的体现。在这名女生的带动下，其他学生的责任心也增强了。我班的运动员们竭尽全力，奋力拼搏，最终成绩在同年级名列前茅。在校园文艺活动中，有特长的学生都踊跃参加各项活动，比赛时明确职责，都取得了良好的成绩。学生在明确责任的过程中，集体主义精神也得到了发扬。

四、各司其职，争当班级主人

培养学生的责任心，就要调动学生的主体参与意识和主人翁意识，树立"人人为我，我为人人"的思想，让每个学生有事可做，有责可负，体会"承担责任"的酸甜苦辣，从而营造"积极配合、团结一致"的良好班级氛围。我们要让学生始终觉得自己是集体的主人，应该主动关心集体的事情。例如，每天一个小故事，使每个学生都有机会成为主角；每两周一次的自主班会也是学生自己报名当主持人，负责内容的编排、主持稿的撰写；实行班干部竞选值周制，每个人都有当班干部的机会；建立学习互助岗、板报宣传岗、卫生监督岗、安全巡查岗、课外兴趣岗等，力求让每一个学生都能在班级管理中找到自己满意的位置，使全班没有"闲人"和"客人"，做到"人人有事干，事事有人管"，充分利用学生的表现欲，调动他们的积极性、激发他们的创造力，让每一个学生都品尝到为集体、为他人尽责的辛苦和幸福，从而学会尊重他人，关心他人，维护集体利益，养成自觉投入的好习惯。

责任心是学生做人之本，是学生立足社会之本。我们要利用家庭的教育力量，集合社会的教育力量，齐抓共管，为学生责任心的培养共创佳境。

第二节　自主学生展现"我的多姿风采"

平沙实验小学始终坚持 "为学生终身发展服务"的育人目标，通过建设和完善更为科学、民主，更具有人文气息的学生自主管理机制，积极开展以学生为本、富有特色的"自我体验、自我教育、自我管理"的德育活动，充分发挥学生在活动中的主人地位和主体作用，引导学生成为一个自主、自理、自律、自立的公民；通过开展丰富多彩的社团活动，发展学生个性，培养学生特长，全面发展学生的核心素养。近年来，学生在体育、艺术、科技等竞赛中均取得了优异的成绩。

一、激越生命，点亮赛场

平沙实验小学以培养学生的兴趣为出发点，以促进学生全面发展为目标，开展足球、羽毛球、游泳、田径等多个社团活动，为学生创设了展示自我的平台，学生在活动中既锻炼了身体，提高了技能，又发挥了特长，张扬了个性。学生参加国家、省、市、区等各项体育竞赛均取得了优异的成绩，其中叶诗琪和赵燕先后在2018年和2019年入选"全国少年足球夏令营全国总营"最佳阵容。（图3-2-1）

图3-2-1 "全国少年足球夏令营全国总营"营员证书

2016年，梁绮云、林友会等参加广东省青少年女子足球调赛获第四名。
（图3-2-2）

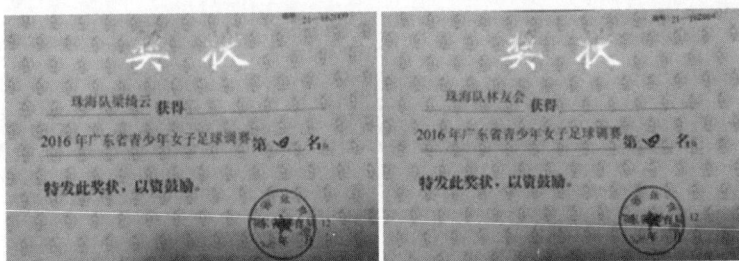

图3-2-2 平沙实验小学学生获广东省青少年女子足球调赛奖状

2017年、2018年和2019年，平沙实验小学学生参加珠海市青少年足球比赛均获团体第二名。（图3-2-3）

图3-2-3 平沙实验小学学生参加珠海市青少年足球比赛的获奖证书和照片

2017年、2018年和2019年，平沙实验小学学生参加珠海市青少年游泳比赛均获团体总分第三名。（图3-2-4）

图3-2-4 平沙实验小学学生参加珠海市青少年游泳比赛的获奖证书和照片

2016年、2017年，平沙实验小学学生参加珠海市羽毛球比赛均获团体第四名。（图3-2-5）

图3-2-5　平沙实验小学学生参加珠海市羽毛球比赛的获奖证书和照片

2017年，平沙实验小学学生参加珠海市青少年田径比赛获团体总分第三名。（图3-2-6）

图3-2-6　平沙实验小学学生参加珠海市青少年田径比赛的获奖证书和照片

二、音韵画境，"艺"展风采

平沙实验小学开展舞蹈、合唱、乐队、书法、绘画等艺术社团活动，激发学生的艺术潜能，提升学生的艺术素养。学生在各项艺术竞赛中均荣获佳绩，其中获得国家级奖2项、省级奖6项、市级奖16项。

黄钰淇、叶家丽参加全国绘画比赛获二等奖。（图3-2-7）

图3-2-7 平沙实验小学学生参加全国绘画比赛的获奖证书

黄钰淇、李英杰参加广东省绘画比赛获一等奖。（图3-2-8）

图3-2-8 平沙实验小学学生参加广东省绘画比赛的获奖证书

《我也要飞》获广东省少儿艺术花会比赛银奖；儿童剧《鳄鱼怕怕　牙医怕怕》荣获广东省第六届中小学生艺术展演活动小学甲组一等奖和优秀创作奖。（图3-2-9）

图3-2-9 平沙实验小学学生参加广东省第六届中小学生艺术展演活动的获奖证书和照片

　　王雨莹、黄钰淇、陈梦婷、叶家莉、文俊杰、吴羽锐等同学分别参加第三十二届、第三十三届、第三十四届、第三十五届珠海市青少年科技创新大赛绘画比赛，均取得了优异的成绩。（图3-2-10）

图3-2-10 平沙实验小学学生参加珠海市青少年科技创新大赛绘画比赛获得的荣誉证书

平沙实验小学合唱《我也要飞》《噢，美丽的校园》，以及儿童剧《鳄鱼怕怕 牙医怕怕》、京胡独奏《迎春》、乐队合奏《圆梦中国人》等节目在珠海市少儿花会比赛中均荣获佳绩。（图3-2-11）

图3-2-11 平沙实验小学学生参加珠海市少儿花会比赛的获奖证书和照片

平沙实验小学一年级至六年级学生参加珠海市第二十二届至第二十五届小学生硬笔书法比赛获得优异的成绩。（图3-2-12）

图3-2-12　平沙实验小学学生参加珠海市小学生硬笔书法比赛获得的荣誉证书和奖状

三、科技畅想创意生活

平沙实验小学的学生热爱科学，在生活中勤思考、爱探究、多实践，积极参加各种科技竞赛活动。曾嘉怡、曾敏怡等同学参加第三十四届珠海市青少年科技创新大赛科学论文获三等奖；曾省榆、满剑希、董缘等同学在珠海市第一届和第二届中小学生机器人大赛中获团体一、二、三等奖。（图3-2-13）

图3-2-13 平沙实验小学学生参加珠海市青少年科技创新大赛科学论文
和中小学生机器人大赛获得的荣誉证书

第三节　自主学校喜获"我的丰硕成果"

平沙实验小学以"自主管理、自主学习、全面发展"为办学理念，以促进学生全面发展为目标，着力培养学生的自主发展能力，提升学生的综合素养，创建特色学校。近年来，平沙实验小学先后被评为"全国青少年校园足球特色学校""全国青少年校园网球特色学校""广东省中小学艺术教育特色学校""巾帼文明岗"等。学校各社团参加艺术、体育、科技等各项竞赛均取得了优异的成绩，其中获得国家级奖4项、省级奖12项、市级奖57项及区级奖118项。

2016年，平沙实验小学被评为"全国青少年校园足球特色学校"；2017年，平沙实验小学被推荐为全国青少年校园网球特色学校。（图3-3-1）

全国青少年校园网球特色学校推荐
名单公示

珠海市香洲区第六小学
珠海市香洲区第七小学
珠海市香洲区甄贸小学
珠海客闻学校
珠海市斗门区井岸镇第一小学
珠海市斗门区白蕉镇新环中心小学
珠海市斗门区实验小学
珠海北大附属实验学校
珠海市平沙实验小学

图3-3-1　平沙实验小学被评为"全国青少年校园足球特色学校"

2018年，平沙实验小学被评为"广东省中小学艺术教育特色学校"；2019年，平沙实验小学被评为"巾帼文明岗"。（图3-3-2）

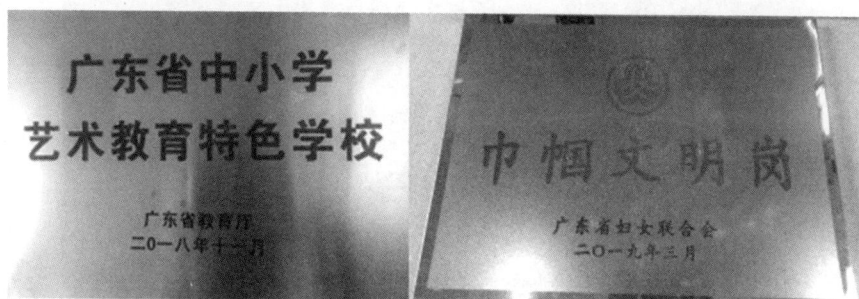

图3-3-2 平沙实验小学被评为"广东省中小学艺术教育特色学校"和
"巾帼文明岗"

2017年，平沙实验小学荣获"珠海市首届'互联网+教研'活动月成果——突出贡献奖"；2020年，平沙实验小学被评为"珠海市少先队红旗大队"。（图3-3-3）

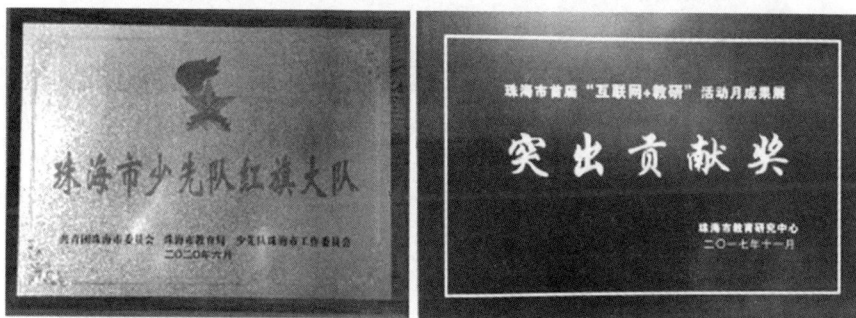

图3-3-3 平沙实验小学荣获"'互联网+教研'活动月成果——突出贡献
奖"和被评为"珠海市少先大队红旗大队"

2017年、2018年、2019年，平沙实验小学足球队参加珠海市青少年足球比赛荣获佳绩。（图3-3-4）

图3-3-4 平沙实验小学学生参加珠海市青少年足球比赛的获奖奖杯

平沙实验小学羽毛球队参加珠海市青少年羽毛球锦标赛获得第四名和体育道德风尚奖。（图3-3-5）

图3-3-5 平沙实验小学学生参加珠海市青少年羽毛球锦标赛获得第四名和
体育道德风尚奖

2017年、2018年、2019年，平沙实验小学游泳队参加珠海市青少年游泳比赛均获得团体总分第三名。（图3-3-6）

图3-3-6　平沙实验小学学生参加珠海市青少年游泳比赛的获奖奖杯和奖状

平沙实验小学田径队参加2017年珠海市青少年田径比赛获得团体总分第三名。（图3-3-7）

图3-3-7　平沙实验小学学生参加珠海市青少年田径比赛的获奖奖杯和奖状

平沙实验小学科学社团参加2018年、2019年珠海市中小学生机器人大赛荣获团体一、二、三等奖和最佳设计奖。（图3-3-8）

图3-3-8　平沙实验小学学生参加珠海市中小学生机器人大赛的获奖奖杯和奖状

平沙实验小学参加2018年、2019年珠海市中小学生宪法知识暨平安校园安全知识竞赛获优秀组织奖。（图3-3-9）

图3-3-9　平沙实验小学学生参加珠海市中小学生宪法知识暨平安校园安全知识
竞赛获优秀组织奖

4

第四章

自主教育永远在路上——构建思考

自主教育在平沙实验小学实施了将近五年，师生得到成长，学校取得丰硕成果。实践证明，在农村小学实施自主教育是可行的、有效的。

　　十年树木，百年树人。教育需要时间，需要静待花开。平沙实验小学的自主管理同样需要不断优化，不断完善；需要平沙实验小学全体师生的长期坚持，让自主教育陪伴学生健康成长。

　　"路漫漫其修远兮，吾将上下而求索"，自主教育，永远在路上，让我们一起探讨未来平沙实验小学自主教育的发展方向、策略、评价方式，共同构建小学自主教育的未来和蓝图。

第一节　自主教育课程建设

　　基于国家课程标准及平沙实验小学自主管理体系，我们编写了《平沙实验小学自主教育成长手册》，用"成长手册"规范学生的言行，引导学生进行"自主管理、自主学习、自主活动"，从而形成自主教育，使学生成为最好的自己。

　　《平沙实验小学自主教育成长手册》共有六册，一个年级一册，每册按月份编写，每月一个主题三个篇章（自主管理、自主学习、自主活动），"具体内容+多元评价"的模式深受师生的喜爱。每学期末，学生的完成情况，自主申报奖章，经教师、组员、家长的多元评价、审核，最终获取"自主娃娃"奖章或"自主少年"奖章，积满12枚奖章自动当选平沙实验小学优秀毕业生。

　　（1）目录图片（共同展示6个年级的照片）。

　　（2）三个篇章的图片（共同展示6个年级某月的照片）。

　　《平沙实验小学自主教育成长手册》编排科学，结构清晰，图文并茂，逐月递进，螺旋上升，容易操作，不仅在本校得到很好的实施，其他学校也可推广使用，深受师生喜爱，赢得了社会的高度评价。

第二节　自主教育评价体系

　　为了完善平沙实验小学自主管理评价，促进学生自主管理、自主学习的持续、良好发展，平沙实验小学与北京师范大学合作，建构"核心素养"课程教育框架，打造学校、家庭、学生、社会机构"四位一体"，构成"互联网+"的核心素养评价体系，尊重学生主体性和主动精神，捕捉每一个学生身上的闪光点，让学生深入认识、反思、完善和成就自己。

　　"互联网+""四位一体"核心素养评价体系，是基于中国学生发展核心素养，结合平沙实验小学学生实际，为平沙实验小学全面、科学地评价学生提供优质平台。（图4-2-1）通过该平台，对学生进行核心素养评价；学生得到全面的评价，促进自我教育持续发展。

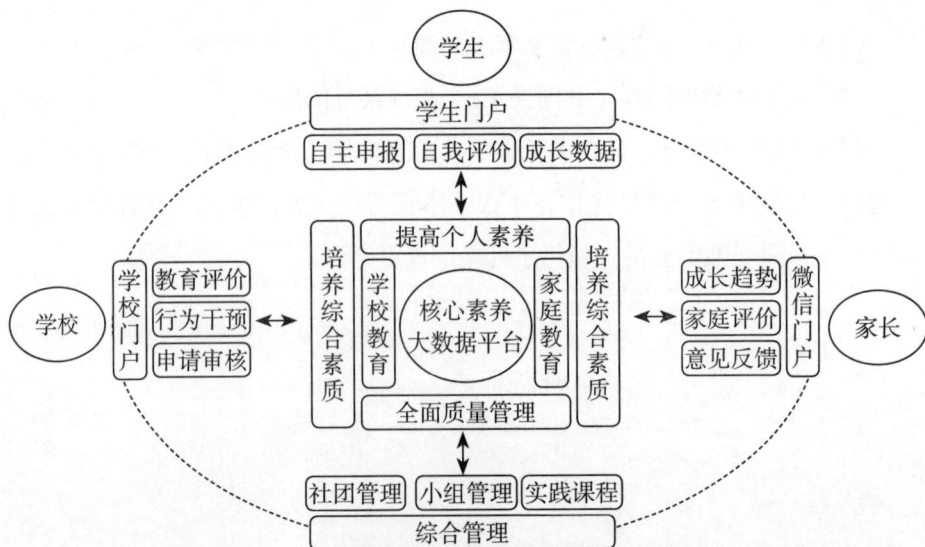

图4-2-1　"互联网+""四位一体"核心素养评价体系

"互联网+""四位一体"核心素养评价体系，由国家开设的课程、校本社会实践对应五大素养（艺术素养、人文素养、科学素养、实践素养、健康素养），每个学生和教师都有一个账号和独立的密码，可通过微信公众号登录平台（图4-2-2），也可点击指定网页登录平台；通过教师评分、家长评分、自我评价，学生获得成长素养币，购买养料，让自己的成长树发芽、开花、结果，从而让学生深入认识、反思、完善和成就自己。

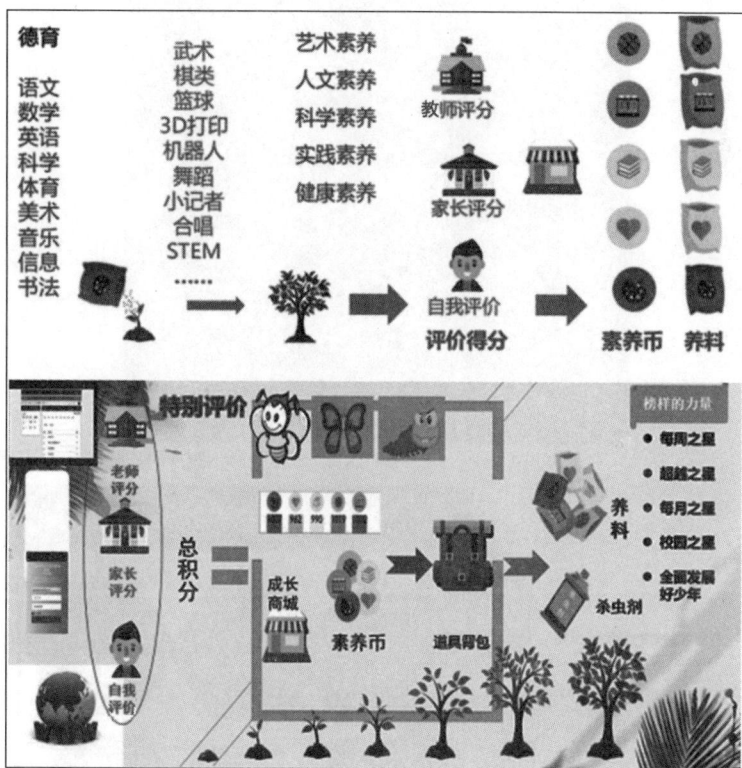

图4-2-2　由微信公众号登录五大素养课程

　　"互联网+""四位一体"核心素养评价体系从单一评价转向多元评价，从简单终结性的评价转向可控过程性评价，学生的成长和变化是具体的、可控的，通过平台大数据的收集、分析，形成真实、可信、多元、开放、科学的评价体系，提高了学生的内驱力，最终为每一个学生的幸福成长奠定基础。（图4-2-3）

做自己的小主人

——自主教育实践探索

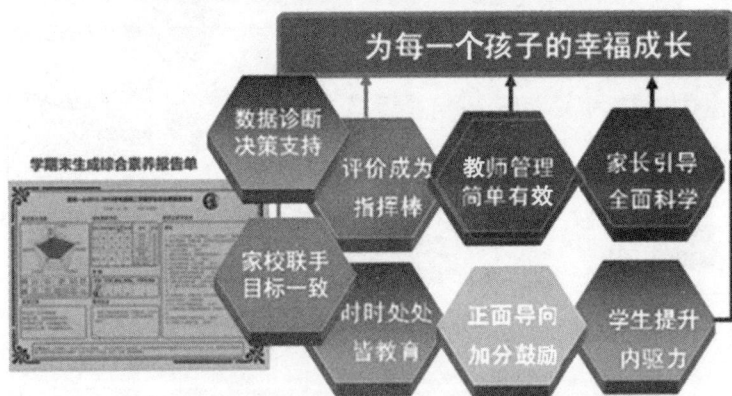

图4-2-3　通过平台大数据的收集、分析，提高学生的内驱力

第三节　自主教育家校合作

一、家庭教育的重要性

苏霍姆林斯基说："若只有学校而没有家庭，或只有家庭而没有学校，都不能单独地承担起塑造人的细致、复杂的任务。"

从教育学角度来说，教育是一种有目的的、影响人的活动，学校教育离不开家庭的配合（王道俊、郭文安，2009）；从管理学角度来看，家长参与监督和决策，能够增强家长在学校管理中的责任感，提高教育质量（王德清，2011）；从父母教育权的演变来看，父母既是孩子的法定监护人也是纳税人，教育权是亲权的组成部分（黄河，2010）；从系统科学角度分析家校合作，这是教育系统内各子系统之间协同的表现，使教育系统不断地向着平衡、和谐、有序的状态发展（Lewis，1978）。

家校合作可以泛指家长在子女教育过程中与学校一切可能的互动行为。家校合作，是指在家庭及学校中发挥家长潜能，使家长和他们的孩子与学校所在的社区获益的过程。马忠虎认为家校合作是指对学生最具影响力的两个社会结构，家庭和学校形成合力对学生进行教育，使学校在教育学生时能得到来自家庭方面的支持，而家长在教育子女时也能得到来自学校方面的指导（吴重涵、王梅雾、张俊，2013）。

二、发挥自主教育家校合作的优势

家庭是孩子的第一所学校，父母是孩子的第一任教师。

随着时代的进步，不少父母的教育理念十分科学，对孩子的教育也表现出重视引导、重视身教、重视熏陶的良好状态，有比较强烈的自主教育意识。这些优秀的父母有的会在家庭生活中以身作则，为孩子做出示范，让孩子在不知不觉中提升自我；有的侧重于家庭环境的建设，以优良的家风培养学生善良、诚实、正直、勤奋、独立、自强等良好品质。

因此，自主管理、自主学习更应该延伸到家庭，通过加强与学生和家长的交流，创建家校合作机制，发挥自主教育家校合作的优势，形成教育合力。我们希望一部分已经有强烈自主教育意识的家长当好榜样，起到带头、辐射的作用，带动其他的家长进入自主教育家校合作的大环境中来，携手共创，培养出一批批自主娃娃、自主少年。

（一）优化已有的家校合作组织形式

1. 家委建言献策

平沙实验小学建立了班级家长委员会和校级家长委员会。班级家长委员会的成员由班级家长中有意向担任又具有一定群众基础及号召力、组织能力的家长担任，班主任还考虑到不同家庭背景家长的代表性，进行了平衡与协调，最终确定班级家长委员会的成员；校级家长委员会由本校班级家长委员会成员民主选举产生，每学期召开至少一次校级家长委员会的会议和班级家长委员会的会议。家委们就学校的日常管理、重大决策等提出宝贵的意见和建议，为学校的发展建言献策。

2. 家校互动手册

为了让家长更好地陪伴孩子顺利过渡入学期，让一年级新生尽快熟悉校园，适应小学的学习与生活，每年8月底，我们在正式开学前都会召开一年级新生家长见面会，其中《家校互动手册》起到了很好的沟通与指导作用。（图4-3-1）

3. "互联网+""四位一体"核心素养评价体系

"互联网+""四位一体"核心素养评价体系，家长和教师都可以对学生进行评价，家长不仅可以及时收到教师每周对学生的评价，还可以从雷达图、期末报告单上获取数据分析，了解学生素养均衡度，引导学生根据自身情况自主制定改进、优化的策略，用实际行动进行改变，从而成为最好的自己。

图4-3-1　家校互动手册

4. 家长志愿者团队为学子安全保驾护航

平沙实验小学家长志愿者团队主要参与北门交通、午托、午餐、大型活动的组织和管理，对学校的重大决策提出建议。特别是北门交通志愿者，舍小家顾大家，每天7：00、11：00、13：30、16：30四个时间节点，准时在北门执勤。烈日下，志愿者们"全副武装"，汗水湿透衣背；风雨里，志愿者们全身湿透仍坚守岗位。

平沙实验小学家长志愿者无私奉献，不为名利，只为学子们平安上学，平安回家。（图4-3-2）

图4-3-2　家长志愿者无私奉献，为学生的安全保驾护航

（二）探索自主家校合作组织形式

1. "大手拉小手"亲子蜜语活动

家长和孩子之间如果缺乏沟通，亲子之间就会产生误会、矛盾，影响家庭

和谐，阻碍孩子健康成长。因此，亲子之间多些沟通，共同进步，是孩子健康成长的必备要素。孩子回家后与父母分享所见、所闻、所感，家长认真聆听，发表看法，给予孩子正面引导，孩子会感到自己很重要，家庭很温馨，感受到自己被家人关注、喜爱、尊重、欣赏，无形中增加了孩子克服困难的信心和勇气，自觉地向善向美，积极、乐观、进取；家长把工作和生活中的真实想法、点滴体会与孩子分享，让孩子知道父母的喜怒哀乐，引导孩子如何做人，如何工作，如何生活，同时聆听孩子对自己的看法和感受，引导孩子积极乐观、向善向美。

2. 创建自主教育家长学校

平沙实验小学学生家长大部分来自农村，平日里忙于生计，基本上没有接触家庭教育方面的理论，缺乏科学教导孩子的方法与策略，孩子一旦犯错，容易采取简单粗暴的方式来解决实际问题，结果往往事倍功半，造成孩子逆反，增加教育难度。

在2020年的"两会"期间，家庭教育立法被提上议程，调查数据显示，68%的家长对孩子教育感到"比较焦虑"或"非常焦虑"。在青少年社会问题特别是未成年人犯罪问题上，家庭教育的不当已经成为导致未成年人不良行为乃至犯罪行为的重要诱因。[1]

"加快家庭教育立法，是从源头保障家庭教育切实发挥教育和价值引领功能的一项必要行动。"全国人大代表、四川省雅安市雨城区第二中学校长庹庆明建议，家庭教育尽快立法，提升家庭教育地位，明确家庭教育核心内容，规范家庭教育行为，从制度层面解决家庭教育面临的突出问题。

由此可见，重视家庭教育，让家长"持证上岗"，已是迫在眉睫。那么，作为学校，特别是农村学校，该如何开展这方面的工作呢？

（1）一年级新生家长陪伴孩子成长系列课程。家庭好比植物的根苗，根苗茁壮才能枝繁叶茂，开花结果，良好的学校教育也是建立在良好的家庭道德教育基础上的。每年五六月在幼儿园大班学生即将毕业之际，幼小衔接课程如期而至，家长们学习过后能落实到位的不多，到了秋季开学的时候，问

———————————
[1] 摘自"教师E家"的"微信公众号"

题还是层出不穷，让家长招架不住。基于现状，每年8月平沙实验小学在一年级阳光分班结束后就开始进行线上线下的一年级新生家长陪伴孩子成长系列课程，目前正在实施和完善中。

以2020—2021学年度第一学期为例，一年级新生家长陪伴孩子成长系列课程表见表4-3-1。

表4-3-1 一年级新生家长陪伴孩子成长系列课程表

时间	课程内容	主讲教师	参加人员
8月22日	建立良好的亲子关系	廖新星	一年级新生家长
8月29日	培养儿童良好的习惯	张伟定	家长、任课教师
9月5日	掌握科学的学习方法	胡新水	家长、任课教师
9月12日	培养孩子课外阅读的兴趣	彭清	一年级新生家长
9月19日	找准机会让孩子多锻炼	吴颖	一年级新生家长

（2）家长自主教育系列课程。由于学生家长平日里忙于生计，白天几乎没有时间，因此，我们把线下学习安排在周六晚上，课程期间予以录像，不能到学校学习的家长第二天可以在手机上观看录像。采取自愿学习，积分兑换的方式，线上线下学习以报名、学完为准，每完成一次学习积10分，系列课程结束后，以线上答题的形式再次积分，积分达到指定的分数，学生可凭积分领取对应的书籍，家长可凭积分获取电子奖状。平沙实验小学自主教育系列课程，特别要求转学新生家长必须参加，修完所有的指定课程。

以2020—2021学年度第一学期为例，家长自主教育系列课程见表4-3-2。

表4-3-2 家长自主教育系列课程表

序号	课程内容	主讲教师	参加人员
1	了解我们的孩子	袁根深	家长、教师
2	家庭教育如何落实五育并举，全面发展	廖新星	家长
3	父亲对孩子的影响	刘远平	家长
4	母亲对孩子的影响	潘惠萍	家长
5	允许孩子犯错，抓住契机正面引导	周景蓝	家长
6	每天四问，每天进步	冯思颖	家长